Survivre avec les loups

La véritable histoire de Misha Defonseca

DU MÊME AUTEUR

Romans

Priez pour nous, Bernard Barrault, 1990 ; J'ai lu, 1991 et 2002
Je voudrais descendre, Le Seuil, 1993
Comme des héros, Libres-Fayard, 1996
Mon premier jour de bonheur, Julliard, 1996
Des hommes éblouissants, Julliard, 1997
Un jour, je te tuerai, Julliard, 1999
Trois couples en quête d'orage, Julliard, 2000
Méfiez-vous des écrivains, Julliard, 2002
Le Cahier de Turin, Julliard, 2003
Écrire, Julliard, 2005
Le Chagrin, Julliard, 2010
Colères, Julliard, 2011

Récit

Il ne m'est rien arrivé (voyage dans les pays en guerre de l'ex-Yougoslavie), Mercure de France, 1994

Documents

Paroles de patrons (avec Stéphane Moles), Alain Moreau, 1980
L'Affaire de Poitiers, Bernard Barrault, 1988
Hienghène, le désespoir calédonien, Bernard Barrault, 1988

Lionel Duroy

Survivre avec les loups

La véritable histoire de Misha Defonseca

document

XO EDITIONS

ISBN : 978-2-84563-415-2

Misha Defonseca est une inconnue lorsqu'elle apparaît pour la première fois dans les librairies françaises et belges, en 1997, avec une autobiographie au titre énigmatique et fracassant : *Survivre avec les loups.*

Les Éditions Robert Laffont ont été conquises par ce récit et en ont acheté les droits à une petite éditrice américaine, Jane Daniel, qui n'a pourtant pas vendu plus de cinq mille exemplaires outre-Atlantique. Mais l'éditeur français croit que le livre peut être un succès en Europe, et il n'a pas tort puisque Misha Defonseca séduit près de trois cent mille lecteurs et est simultanément traduite en quatre langues.

En 2005, les Éditions XO décident de republier l'ouvrage, après avoir demandé à l'auteur d'étoffer son témoignage. Misha Defonseca, qui n'était pas satisfaite de la première mouture du texte, se prête volontiers à l'exercice, et son autobiographie reprend rapidement place en tête du palmarès des meilleures ventes. Aux deux cent mille exemplaires écoulés entre la France et la Belgique s'ajoutent alors une vingtaine de traductions. Présent sur les trois quarts de la planète, *Survivre avec les loups* devient un best-seller mondial.

Entre-temps, la réalisatrice Vera Belmont en a tiré un film qui sort sur les écrans belges en novembre 2007, et au tout début de l'année 2008 en France. Le succès ne se dément pas puisque près de sept cent mille personnes viennent partager, en images cette fois, le destin tragique de la petite Misha.

Son histoire est bouleversante. Enfant unique d'un couple juif réfugié à Bruxelles au début de la guerre, Misha (Mishke dans son autobiographie) assiste en septembre 1941 à la rafle de ses parents par la Gestapo. Sa mère, Gerusha, est d'origine russe, son père, Reuven, d'origine allemande. Misha a sept ans. Elle est recueillie par la famille qu'avait sollicitée son père en cas de malheur, contre une somme d'argent. Ce couple vénal semble ignorer la compassion et, après avoir connu la clandestinité auprès de parents aimants – les premières pages de *Survivre avec les loups* font songer à la réclusion d'Anne Frank avec les siens dans leur réduit d'Amsterdam –, Misha découvre l'humiliation et la méchanceté.

Pour lui permettre d'échapper au sort des enfants juifs, on lui fait établir de faux papiers d'identité. Elle s'appelle désormais Monique Valle.

Par bonheur, elle fait la connaissance des grands-parents de la famille, qui ont une ferme dans les faubourgs de Bruxelles. Ernest et Marthe la réconfortent. Ils ont perdu un enfant, autrefois, et voient en Misha-

Monique une consolation, peut-être un signe du destin. D'ailleurs, Marthe, qui ne s'est jamais remise de ce deuil, appelle parfois Monique du prénom de ce fils disparu.

C'est le grand-père, Ernest, qui révèle à la petite fille où ont été emmenés ses parents. À l'est, dit-il. Puis, comme elle veut savoir où se situe l'est, il sort un vieux livre de géographie, avec des cartes colorées, et lui fait découvrir l'Europe. La Belgique est jaune d'or, l'Allemagne, verte, l'Italie, orange… « Ma mère est donc là, rêve-t-elle, quelque part dans ce vert sombre, si proche du jaune. »

Quelque temps plus tard, Ernest lui offre une petite boussole logée dans un coquillage. « J'avais le sentiment que grand-père insistait beaucoup sur l'est, écrit Misha Defonseca. L'est, c'était une façon de me dire où étaient mes parents. Cette petite aiguille me reliait à eux, comme par magie. Je pouvais regarder dans cette direction et penser qu'ils étaient là, quelque part, vivants. »

Bientôt, la situation devient trop risquée pour la petite Juive, les Allemands sont partout. Les grands-parents lui conseillent de ne plus venir à la ferme, et elle croit comprendre que la famille qui l'a recueillie s'apprête à la livrer pour ne pas risquer de très lourds ennuis. Elle a huit ans, elle décide de s'enfuir dans la seule direction porteuse de lumière et d'espoir à ses yeux : l'est. « Ma boussole et mon obstination à revoir ma mère me guideraient », écrit-elle.

Elle va traverser à pied l'Europe en guerre, obstinément accrochée à l'aiguille de sa petite boussole, dormant le jour, marchant la nuit, se nourrissant de rapines, de vers de terre, d'écorces, devenant au fil des semaines, puis des mois, un petit animal furtif et rusé, dur au mal, flairant le danger, capable de se glisser dans un tronc d'arbre, toujours prompt à se fondre dans les forêts profondes de l'Allemagne nazie

Elle survit par miracle à un premier hiver, mais on devine qu'elle aurait succombé aux tempêtes de neige de Pologne et d'Ukraine si les loups ne l'avaient pas adoptée, nourrie et réchauffée à deux reprises. Ces rencontres avec les loups ajoutent à la force d'une épopée qu'on n'aurait pas imaginée possible de la part d'une enfant si jeune. Et cependant, c'est précisément cette jeunesse, cette « animalité » qui expliquent avec quel naturel elle se plie aux différents rituels de la meute, mangeant ce que la louve déglutit pour ses petits au milieu desquels elle se range à quatre pattes, et allant même jusqu'à lever la patte pour uriner, comme les jeunes mâles.

Un jour, interdite et transie, elle assiste au massacre par les nazis d'enfants de son âge. « Ils étaient tellement calmes, je ne pensais pas une seconde qu'on allait les tuer », écrit-elle. Un autre jour, elle surprend un soldat allemand en train de violer une jeune fille, et le tue de plusieurs coups de couteau. Elle arrive à Varsovie, pénètre dans le ghetto où elle espère retrouver ses parents, parvient à s'en échapper, et reprend sa route pour tomber finalement sur un groupe de partisans russes qui l'adopte et la nourrit, comme les loups l'ont adoptée et nourrie.

« J'avais eu du courage, j'avais eu peur, je m'étais faufilée comme une petite souris invisible, acharnée à trouver son chemin. Mais je ne savais plus où était le chemin à présent. Il semblait que l'est s'arrêtait là. »

Alors elle a l'espoir que ses parents l'attendent à Bruxelles, et elle reprend le chemin de la Belgique. « Je connaissais pour la première fois l'angoisse d'être perdue, dit-elle, et cette angoisse me faisait marcher sans relâche. J'avais grandi, je n'avais plus la naïveté du départ. » La guerre s'achève, elle marche depuis trois ans, elle a maintenant onze ans.

Mais non, ses parents ne l'attendent pas, et sur le porche de la maison familiale, occupée par d'autres locataires, elle se heurte au sourire froid d'une inconnue.

« Nous, quand on est arrivés ici, on n'a rien trouvé, lui dit cette dame, juste une boîte et des photos éparpillées par terre. Je n'ai pas pu les jeter, ça me faisait mal au cœur, alors mon mari les a gardées quelque part, attendez une minute… »

Misha, qui a complètement oublié le visage de ses parents, qui a oublié leur patronyme, qui ne se souvient que de leurs prénoms, Reuven et Gerusha, choisit deux photos qui la touchent : celle d'un homme blond car elle croit se rappeler que son père était blond, et celle d'une femme aux cheveux sombres, car sa mère était brune. « Ce ne sont pas mes parents, écrit-elle. Je ne pose pas la question de savoir qui ils sont. Ce sont des parents oubliés, que l'on a chassés de chez eux, comme les miens, et qui ont dû subir le même sort. Ils me serviront de souvenir visible. »

Les premières rumeurs sur la véracité du récit de Misha Defonseca s'élèvent depuis la Belgique, au début de l'année 2008. Dans les librairies depuis dix ans, le livre n'a jamais suscité de réelles controverses. Le film, en revanche, par la force d'évocation de ses images, trouble manifestement certains esprits scrupuleux.

Un spécialiste des loups, Serge Aroles, qui avait tenté en vain, dès 2005, d'alerter certains journaux sur ce qu'il qualifiait déjà de « supercherie », reprend la plume avec humeur. « La louve en mal d'adoption, écrit-il, peut présenter une "grossesse nerveuse" et se retrouver les mamelles gorgées de lait. Il est très probable, par accident statistique, que des nourrissons cachés en forêt à la suite de guerres, famines ou abandon, aient pu être allaités sur une courte durée. Mais cela ne concerne que les nourrissons. Et si cela a, sans aucun doute, alimenté le mythe des enfants loups, Mowgli n'existe pas ! Quand Misha Defonseca explique qu'une louve l'a réprimandée parce qu'elle urinait comme un mâle en levant la patte, ou qu'elle s'est retrouvée à faire du baby-sitting dans la meute, personne n'est allé si loin dans le délire. »

C'est cependant l'historien de la Shoah Maxime Steinberg qui épingle le plus durement l'auteur de *Survivre avec les loups*. Il rappelle que la déportation des Juifs de Belgique a débuté le 4 août 1942, et qu'« il n'y a donc aucune raison pour les Juifs de se cacher durant l'été 1941, comme le prétend Misha Defonseca, ni de porter l'étoile jaune qui ne fut imposée qu'un an plus tard ». Évoquant la « rafle » dont auraient été victimes les parents de l'auteur, en septembre 1941, Maxime Steinberg parle pour la première fois de « faux témoignage » et d'« une entreprise de manipulation littéraire exploitant tous les fantasmes de la mémoire et de la crédulité ».

Ces mises en cause sévères sont alors relayées, à la mi-février 2008, par les accusations de Jane Daniel, l'éditrice américaine de *Survivre avec les loups*[1]. Lourdement condamnée par la justice de son pays pour avoir spolié de

1. Le livre est paru aux États-Unis sous le titre *Misha, A Mémoire of the Holocaust Years*.

ses droits Misha Defonseca, Jane Daniel cherche désormais à discréditer son auteur[1]. Elle diffuse sur Internet deux documents extrêmement troublants. Le premier est un extrait du registre des baptêmes, tendant à prouver que Misha Defonseca (de son vrai nom Monique De Wael, selon ce certificat) ne serait pas juive, mais catholique. Fille de Robert et de Joséphine-Germaine (et non de Reuven et de Gerusha), elle aurait été baptisée à Etterbeek, une des nombreuses communes de Bruxelles, et serait née, selon ce document, le 12 mai 1937 (et non le 12 mai 1934, comme elle l'écrit dans son livre). Le détail est d'importance, car si Misha est bien née en 1937, elle n'a que quatre ans en septembre 1941, et on imagine mal une enfant de cet âge-là entreprendre de traverser l'Europe avec une boussole.

Le second document est un extrait du registre des élèves de l'école primaire de la rue Gallait, à Schaerbeek, autre commune de Bruxelles, attestant que Monique De Wael a été scolarisée dans cet établissement durant l'année 1943-1944, alors qu'à la lecture de son autobiographie on la croyait cet hiver-là partageant le sort des loups d'Ukraine ou de Pologne.

« Le générique du dernier film de la réalisatrice française Vera Belmont masque-t-il une escroquerie doublée d'un délire ? » s'interroge le quotidien belge *Le Soir*, le 22 février 2008.

Les journalistes sont parvenus à joindre Misha Defonseca, qui vit aux États-Unis, dans la région de Boston.

1. Extrait du jugement rendu par la justice américaine à l'encontre de Jane Daniel et des Éditions Mt. Ivy : « Jane Daniel a intentionnellement, et à tort, pris des mesures pour empêcher Misha Defonseca de percevoir les droits d'auteur que Mt. Ivy devait contractuellement lui payer. [...] Les droits d'auteur dus légalement par Mt. Ivy à Misha Defonseca sont allés à Mt. Ivy Press International, et ensuite uniquement à Jane Daniel. »

« Je suis extrêmement blessée par les accusations portées contre moi », leur a-t-elle dit. Ajoutant cette phrase qui va mettre le feu aux poudres : « Si les spécialistes qui m'accusent savent si bien tout, alors qu'ils me disent aussi ce que sont devenus mes parents, car ils ont bel et bien été arrêtés et je ne les ai jamais retrouvés. »

« Nous pouvons répondre à son appel ! s'exclame dès le lendemain, dans les colonnes du *Soir*, le journaliste Marc Metdepenningen. Robert De Wael et Joséphine Donvil, poursuit-il, furent arrêtés le 23 septembre 1941 à leur domicile de Schaerbeek, 58, rue Floris. [...] Robert De Wael fut déporté à la forteresse de Sonnenburg, en Pologne, à quinze kilomètres de la frontière allemande, où il fut fusillé, selon le certificat de décès établi à la commune de Schaerbeek, le 3 ou le 4 mai 1944. Cette forteresse n'accueillait que des résistants NN (*Nacht und Nebel*, soumis à un régime sévère de détention), et non des Juifs. La mère de Monique De Wael est décédée dans une période, selon son certificat de décès, comprise entre le 1er février 1945 et le 31 décembre 1945. Il est probable que son corps n'ait pu être identifié parmi les huit cent dix-neuf prisonniers exécutés par les nazis à Sonnenburg, le 31 janvier 1945, alors que les Russes s'apprêtaient à prendre la forteresse.

« Privée de ses parents, conclut Marc Metdepenningen, Monique De Wael fut alors, selon les documents administratifs, confiée à la tutelle de son oncle Ernest qui sollicita, dès 1947, pour sa nièce alors âgée de dix ans, le bénéfice d'une pension d'orpheline [...].

« Ces précisions semblent démontrer :

« – Que Monique De Wael n'est pas juive.

« – Que ses parents n'ont pas été arrêtés en tant que Juifs, mais comme résistants.

« – Qu'âgée de quatre ans au moment de leur arrestation, elle fut confiée à la tutelle de son oncle Ernest, et non à celle des loups de son récit. »

La facilité avec laquelle le journaliste a retrouvé la trace des parents de Misha Defonseca, alias Monique De Wael, jette immédiatement le doute sur la bonne foi de l'auteur de *Survivre avec les loups*. Quoi, se dit-on, elle prétend se demander depuis soixante ans ce que sont devenus ses parents, et la réponse se trouve tout simplement à la maison communale de Schaerbeek ! Comment est-ce possible ? Pourquoi n'a-t-elle pas mené l'enquête elle-même ? Et puis que signifie cette confusion autour des noms ? Monique Valle, sur ses faux papiers de 1941, d'après son autobiographie. Monique De Wael, sur son extrait de baptême d'avant la guerre. À cette époque, on ne se cachait pas, c'est dire que ses parents s'appellent bien De Wael. Pourquoi prétend-elle alors avoir oublié leur patronyme ? Et pourquoi les rebaptise-t-elle Reuven et Gerusha ?

Le trouble gagne ses plus proches, à commencer par son éditeur français, Bernard Fixot. Mais à lui aussi Misha Defonseca se dit « profondément blessée par tous ces mensonges », et c'est pourquoi tous deux décident de prendre un avocat pour défendre sa probité. Maître Marc Uyttendaele, du barreau de Bruxelles, appelle à son tour Boston. En raccrochant, il se dit touché et convaincu par la bonne foi de sa cliente. « Il est hors de doute que ses parents étaient bien juifs, écrit-il dans un communiqué destiné à la presse. On en veut pour preuve que

Mme Defonseca comprend le yiddish, alors qu'elle ne l'a jamais appris dans sa vie d'adulte et qu'aux dires de ses détracteurs elle aurait été élevée dans un milieu catholique. Plus de soixante ans après les faits, poursuit-il, il est vain de gloser sur l'identité officielle de Mme Defonseca. Combien d'enfants juifs n'ont-ils pas bénéficié, avec parfois la complicité de fonctionnaires publics, d'une identité d'emprunt pour échapper à des persécutions ? Ceci est d'autant plus plausible en l'espèce qu'elle a gardé le souvenir précis du fait que ses parents n'étaient pas d'origine belge, que sa mère avait un accent russe, et que son père parlait français, allemand et yiddish. »

Le plaidoyer ne résiste pas plus de quelques heures car, entre-temps, le journaliste du *Soir* a retrouvé Emma De Wael, quatre-vingt-huit ans, une tante de Misha-Monique, qui s'est immédiatement exclamée : « Cette Monique, elle en a de l'imagination ! Elle n'était pas juive, mais une bonne catholique. » Emma De Wael confirme la date de naissance de sa petite-cousine, en 1937 – donc l'invraisemblance de son épopée à travers l'Europe –, ainsi que l'arrestation de ses parents pour faits de résistance.

Bernard Fixot encaisse le choc – « J'ai été stupéfait et très triste d'apprendre la vérité, dira-t-il, car Misha et moi entretenions depuis dix ans une amitié autour de son histoire ». Il demande à son auteur de « ne plus ajouter de mensonges aux mensonges ». Mécontent d'avoir été trompé, maître Uyttendaele prévient sa cliente qu'il ne la défendra plus si elle ne dit pas la vérité. Une heure plus tard, le jeudi 28 février 2008 en début d'après-midi, Misha Defonseca reconnaît avoir menti dans une déclaration rédigée par son avocat.

« Oui, dit-elle, je m'appelle Monique De Wael, mais depuis que j'ai quatre ans je veux l'oublier. Mes parents ont été arrêtés quand j'avais quatre ans. J'ai été recueillie par mon grand-père, Ernest De Wael, puis par mon oncle, Maurice De Wael. On m'appelait "la fille du traître" parce que mon père était soupçonné d'avoir parlé sous la torture à la prison de Saint-Gilles. À part mon grand-père, j'ai détesté ceux qui m'avaient recueillie. Ils me traitaient mal. Je me sentais autre. C'est vrai que, depuis toujours, je me suis sentie juive, et plus tard, dans ma vie, j'ai pu me réconcilier avec moi-même en étant accueillie par cette communauté.

« C'est vrai que je me suis raconté, depuis toujours, une autre vie, une vie qui me coupait de ma famille, une vie loin des hommes que je détestais. C'est aussi pour cela que je me suis passionnée pour les loups, que je suis entrée dans leur univers. Et j'ai tout mélangé. Il est des moments où il m'est difficile de faire la différence entre ce qui a été la réalité et ce qu'a été mon univers intérieur.

« Ce livre, cette histoire, c'est la mienne. Elle n'est pas la réalité réelle, mais elle a été ma réalité, ma manière de survivre. Au début, je ne voulais pas la publier et puis je me suis laissé convaincre par Jane Daniel. On m'a fait croire, et je l'ai cru, et cela a été vrai, que cela apparaîtrait comme un message de vie. Je demande pardon à tous ceux qui se sentent trahis, mais je les supplie de se mettre à la place d'une petite fille de quatre ans qui a tout perdu, qui doit survivre, qui plonge dans un abîme de solitude, et de comprendre que je n'ai jamais rien voulu d'autre que de conjurer ma souffrance. »

« Tout était inventé : les aveux de Misha Defonseca », titre *Le Soir* dans son édition du 29 février 2008. Dès le lendemain, la presse française prend le relais. « La supercherie », selon le terme du *Parisien/Aujourd'hui en France*, est dans tous les journaux. *Le Monde* et *Libération* dénoncent « l'imposture », *La Dépêche du Midi* et *Nice-Matin* évoquent « l'incroyable mensonge ». « Une histoire trop belle pour être vraie », regrette *La Voix du Nord*. « Elle a menti avec les loups », ironise *Sud-Ouest*, tandis que *Le Dauphiné Libéré* rappelle qu'il avait préféré interviewer Guy Bedos lors de la sortie du film (le comédien interprète Ernest, le grand-père), plutôt que Misha Defonseca. « Vieille dame à la parole prolixe, racontant avec force détails et d'une voix pleine d'émotion son enfance de fillette emportée dans la tourmente de l'Histoire, elle ne nous avait pas vraiment convaincus », écrit le journaliste du *Dauphiné*.

« Prétendue victime et témoin autoproclamé, écrit François Busnel dans l'éditorial de *Lire*, Misha Defonseca n'a reculé devant rien pour se faire mousser : sans le moindre état d'âme, elle a instrumentalisé la Shoah. C'est cela qui est odieux. » Marc Metdepenningen, le journaliste du *Soir* à qui revient le mérite d'avoir acculé l'auteur à dire la vérité, est du même avis. Quand *Le Magazine littéraire*, qui l'interroge, invoque de possibles mobiles psychologiques pour justifier ce récit fantasmagorique, il réplique sèchement : « Elle n'a parlé à personne de son histoire avant 1989-1990, quand son mari et elle, émigrés aux États-Unis, se retrouvent dans la difficulté financière. [...] Tout cela m'évoque plutôt une escroquerie très bien scénarisée et organisée. »

Je me trouvais par hasard dans le bureau de Bernard Fixot, le jeudi 28 février 2008, lorsque Misha Defonseca avoua qu'elle avait menti. Je ne la connaissais pas, à l'époque, et cependant pas une seconde ne me vint à l'esprit qu'elle avait pu imaginer toute cette odyssée, et en particulier « instrumentaliser la Shoah », à seule fin de gagner de l'argent, ou de se « faire mousser ». Peut-être parce que moi aussi, comme tant de gens qui écrivent, j'éprouve parfois le besoin de me raconter des histoires, j'ai aussitôt pensé que *Survivre avec les loups* avait été inventé pour transgresser un destin moins glorieux, plus obscur, et sans doute beaucoup plus douloureux. C'est ce sentiment qui m'a fait proposer dans l'instant à Bernard Fixot d'écrire « la véritable histoire » de Monique de Wael.

Le récit qui va suivre est le fruit de longues recherches pour restaurer par bribes le souvenir effacé des parents de Monique De Wael : Robert et Joséphine-Germaine. Monique avait enfoui, éparpillé, et souvent perdu, comme à dessein, tous les documents qu'elle tenait d'eux. Elle a bien voulu se plier à ce laborieux travail d'archéologue, et ensemble nous avons exhumé de ses cartons, au fond de garde-meubles américains improbables et poussiéreux, photos, lettres et carnets personnels. Ensemble, nous avons déchiffré ces documents dans le silence de ma chambre d'hôtel, à la loupe parfois. Ça n'a pas été facile car plusieurs de ces lettres ont été écrites en prison, au crayon, tantôt sur des emballages de cigarettes, tantôt sur du papier journal, par-dessus les caractères d'imprimerie, tantôt encore sur des fragments d'enveloppes usagées.

Puis, des États-Unis, je me suis rendu à Bruxelles où l'on a bien voulu m'ouvrir les archives de la guerre. Là, j'ai eu la confirmation de cette chose indicible, inavouable, parfois évoquée dans la correspondance exhumée à Boston : la trahison de Robert De Wael. Comme son grand-père Ernest, dont j'ai découvert aux archives militaires des lettres déchirantes, Monique ne voulait pas y croire quand nous en avions parlé. Comment survit-on au déshonneur d'un père ? Comment survit-on à son bannissement par le pays dont on est issu ? En faisant front, si l'on en a la force. En disant tout haut : « Eh bien, oui, je suis la fille de cet homme, mais vous, qui êtes-vous, qu'avez-vous vécu pour oser le juger ? » Ou sinon en s'inventant un autre destin, pour le moins susceptible de vous attirer sympathie et compassion. C'est ce qu'a fait Monique De Wael.

Cette enquête, à laquelle elle a accepté de collaborer, la ramène donc à la réalité cruelle de son enfance qu'elle a tant voulu fuir. Elle n'est plus l'héroïne de *Survivre avec les loups* dont on se disputait les conférences. À soixante et onze ans, elle se retrouve aussi nue et démunie qu'en 1947, l'année de ses dix ans, quand il commença à se murmurer que son père n'était peut-être pas le héros que la Belgique avait imaginé, celui dont on avait déjà gravé le nom sur la plaque commémorative des soldats morts pour la patrie.

Se souvient-elle du jour où on effaça du monument le nom de son père, où elle devint officiellement « la fille du traître » ? Non, elle dit qu'on le lui cacha, comme on lui cacha la mort de ses parents. Celle de Robert, non pas fusillé, mais succombant à l'épuisement au camp de

Sonnenburg-sur-Oder, au début du mois de mai 1944. Celle de Joséphine-Germaine, non pas à Sonnenburg, mais à Ravensbrück, dans la chambre à gaz, le 4 mars 1945. Le silence fut observé autour de leur mort, puis, plus tard, de la trahison du père. Quand la petite fille approchait, m'ont rapporté les derniers témoins de ce temps-là, les adultes se taisaient.

Ils se taisaient, oui, mais Monique savait, bien sûr, elle avait tout deviné depuis longtemps sans attendre qu'on la traite à l'école de « fille de Boche ». J'ai pensé qu'elle n'aurait peut-être pas fui dans la mythomanie, qu'elle n'aurait peut-être pas inventé cette marche vers l'est pour retrouver les siens, si ses grands-parents lui avaient dit droit dans les yeux : « Il ne faut plus attendre tes parents, Monique, ils sont morts. » Et puis : « Ton père a flanché en prison, ce sont des choses terribles qui arrivent malheureusement en temps de guerre. C'est pourquoi on t'insulte parfois, même si tu n'y es pour rien. » Mais je n'étais pas sûr de moi, et je me suis rappelé la voix discordante de Boris Cyrulnik dans l'avalanche de critiques et de condamnations qui s'étaient abattues sur Misha Defonseca au lendemain de ses aveux. Le psychanalyste ne la jugeait pas, lui, il émettait l'hypothèse qu'elle avait dû beaucoup souffrir durant son enfance pour construire une fable de cette ampleur, et qu'on venait tout simplement de lui « casser sa cabane ». « Aujourd'hui, elle est sans défense », ajoutait-il. J'ai donc appelé Boris Cyrulnik pour lui demander de m'aider à comprendre, et nous nous sommes rencontrés. Quand je l'ai interrogé sur ce qui se serait passé pour Monique si on lui avait dit la vérité à dix ans, à douze ans, il a eu cette réponse qui m'a glacé le sang : « Dans le contexte des discours de l'après-guerre, vous l'auriez probablement tuée. Elle serait sortie de là hébétée, incapable de se défendre, d'entreprendre un travail mental. »

Ce travail mental qui lui a permis de fuir la réalité avec les loups d'Ukraine, de *survivre* en somme, plutôt que de se consumer à Bruxelles dans la mémoire insoutenable de ses parents.

Voici leur histoire, telle qu'elle m'est apparue à travers ce qu'ils nous ont laissé d'eux.

1

Robert De Wael et Joséphine-Germaine Donvil se rencontrent pour la première fois le jeudi de l'Ascension 29 mai 1930. Ce jour-là se tient à Evere, au-dessus du petit aérodrome, l'un de ces « meetings » aériens qui font battre le cœur des Bruxellois. Ils étaient venus nombreux, cinq ans plus tôt, derrière leurs souverains, Élisabeth et Albert Ier, ovationner Charles Lindbergh, vainqueur de l'Atlantique à bord du *Spirit of St. Louis*, et depuis ils ne ratent pas une occasion d'applaudir les nouveaux héros du ciel.

Joséphine-Germaine ne nous dit pas si elle est accompagnée de ses parents, ce beau jeudi de printemps, mais on devine qu'elle porte un chapeau et une ombrelle, car, sur toutes les photos que nous avons d'elle, elle joue de ses toilettes avec élégance et espièglerie. Elle n'est pas de ces jeunes filles dont on loue la beauté *a priori* et, cependant, on demeure sous le charme de son sourire. Il l'illumine, donnant immédiatement à voir son appétit pour la vie, son désir d'en jouir, et en même temps de s'en moquer, de rire d'elle-même et des autres.

Aucun homme ne peut être insensible à ce sourire, et Robert en est touché, sûrement. On ne sait rien de ce qu'ils se disent, mais dans son journal Germaine écrit à la date du samedi 31 mai 1930 : « Jeudi 29 Ascension. J'ai été à l'aviation à Evere. Fête magnifique. Journée épatante. Il y a un nouveau point à l'horizon, se rapprochera-t-il ? Je voudrais bien. »

Ce « nouveau point », c'est Robert De Wael. On devine en lisant les notes qui précèdent que Germaine a été amoureuse d'un premier garçon avant de croiser Robert, et que cela s'est mal fini. « Il y a un an que j'ai cru commencer une vie de bonheur, écrit-elle à la première page. J'ai été déçue, tant pis pour moi. Maintenant, tant pis pour les autres. »

Que faut-il entendre par ce « tant pis pour les autres » ? Qu'elle est moins ingénue qu'une année plus tôt, sans doute, et qu'elle ne laissera pas son cœur s'enflammer si, de l'autre côté, on ne lui donne pas de sérieux gages.

Des premières lignes de ce journal, il ressort que Germaine Donvil (qui jamais n'utilise son premier prénom de Joséphine) est une jeune personne fière et intègre, très morale en dépit de sa vitalité débordante, et soucieuse d'être respectée comme elle respecte les autres.

C'est cette femme, dont on voit tout de suite qu'elle va placer la barre assez haut, qui entrouvre donc la porte de sa vie à Robert De Wael, ce jeudi de l'Ascension. Ils ont l'un et l'autre vingt et un ans (elle du 13 février 1909, lui du 5 avril de la même année). On peut penser que

Robert De Wael est en uniforme lors de cette première rencontre, car il accomplit son service militaire cette année-là, et il a le culte de l'armée. Mais on peut également penser que ça ne compte guère aux yeux de Germaine, car par la suite elle se moquera constamment du penchant de son mari pour les armes, les uniformes et les drapeaux.

Alors, que voit-elle en Robert ? Sa détermination, sa force de caractère, qui transparaissent dans le phrasé franc et concis du jeune homme. Le romantisme aussi de son regard clair quand il s'enflamme pour les « as » de l'aviation. C'est un garçon sportif et bien bâti, un peu trop sûr de lui peut-être, mais Germaine attend cela d'un homme : qu'il décide, soit responsable, et montre le chemin.

« Il fait beau, écrit-elle le lundi 30 juin au matin. Je travaille à mon chapeau de cretonne. Je me demande si je m'amuserai à la mer cette année. Le point ne s'est pas rapproché, dommage ! »

Mais l'après-midi même de ce lundi, Robert De Wael fait porter un petit billet chez les Donvil, à Saint-Gilles, commune bourgeoise de Bruxelles. Il propose à Germaine de la retrouver le lendemain dans un salon de thé, près de la place Royale.

Quelques jours plus tard, Germaine n'est plus la même. « Le point s'est rapproché d'une façon formidable et rapide !! écrit-elle le jeudi 3 juillet. C'était précisément le lundi 30, alors que je désespérais. Le mardi 1er juillet m'a laissée dans le trouble le plus complet. Il me semble que j'éprouve des sensations nouvelles, et cependant cela se terminera peut-être lundi prochain. On ne sait jamais avec mon caractère changeant. »

Robert s'est dévoilé, c'est ce qu'attendait Germaine. Une nouvelle rencontre, le samedi 19 juillet, la rassure complètement. Il s'échange ce jour-là entre eux deux des promesses, et sans doute un premier baiser, car désormais Germaine fera du 19 juillet la date anniversaire de leur amour. « Je sens que je ne suis plus seule, qu'il y a une âme qui me comprend, écrit-elle le soir même. Est-ce que cela durera ? Je voudrais déjà être à la mer au lieu de m'abîmer les mains ici. Mieux encore, je voudrais être au 6 octobre, et avoir complètement détruit ce sentiment de doute qui subsiste toujours. Enfin, qui vivra verra, je m'abandonne entièrement à la volonté divine. »

Cette fois, Germaine est éprise, en proie au doute délicieux qui saisit tous les amoureux du monde. Si elle attend avec impatience et anxiété cette date du 6 octobre, c'est qu'elle doit présenter ce jour-là Robert à ses parents, Eugène et Joséphine Donvil. Ce sont de sévères bourgeois, catholiques pratiquants, attachés au respect des traditions, et qui nourrissent de grandes ambitions pour leur fille unique. Robert De Wael, qui n'a pas fait d'études brillantes, qui n'est qu'un petit agent communal, trouvera-t-il grâce à leurs yeux ? Cela préoccupe la jeune femme.

Mais en attendant, c'est l'été, et Germaine se prête, avec son irrésistible sourire, aux photos de vacances sur la promenade de La Panne. C'est le père qui manie l'appareil. Elle porte une robe blanche et un turban de soie sur le front, c'est la mode des turbans en cette année 1930, et elle marche avec grâce vers l'objectif dans le soleil évanescent des fins d'après-midi sur la mer du Nord. Puis elle prend le bras de sa mère, qu'elle aime, qu'elle aime de tout son cœur, écrit-elle, et le contraste est saisissant entre le visage dur et impénétrable de la vieille dame aux cheveux d'argent permanentés et la beauté légère et sensuelle de sa grande fille.

« Je suis heureuse, confie-t-elle à son journal le 29 juillet. J'ai presque peur de l'écrire. Je doute encore, car il me semble que ce serait trop de bonheur, et que le bonheur n'est malheureusement pas de ce monde. Je voudrais tant pouvoir tourner l'aiguille du temps. Encore dix semaines. »

Dix semaines, d'ici au 6 octobre. Pendant ce temps-là, Robert termine son service militaire, et Germaine, qui a caché une photo de lui dans son journal (posant fièrement en uniforme de conscrit, les bras croisés), s'autorise une fois par jour à lui murmurer dans un baiser combien elle l'aime.

« Hier soir, j'ai vu mon étoile filante, note-t-elle. Va-t-elle me porter bonheur ? »

Oui, puisque le 27 janvier 1931, quand elle reprend son journal après cinq mois de silence, Robert et elle sont enfin fiancés. « C'est inouï ce qui s'est passé en six mois ! s'exclame-t-elle. Chagrins, découragements, doutes, joies, désillusions, tout y est passé. Le dénouement a cependant été favorable (je suis heureuse et j'ai peur de le dire). Comme la vie est bizarre ! Comme on sent bien que la plupart de nos actes sont guidés par une force invisible ! Malgré tout, il y a un petit nuage aujourd'hui. Cette méchante grippe va-t-elle nous empêcher d'aller voir *Quatre de l'infanterie* jeudi ? Je dis "nous" maintenant. Il y a six mois, je disais encore "je". »

Germaine ne cache plus à présent la photo de Robert. Il lui en a offert une autre, réalisée en studio, sur l'endroit de laquelle il a tracé de sa main, et à la plume : « À ma Germaine chérie, de toute mon âme. Robert De Wael. Le 20-10-30 », et qu'elle a disposée sur la commode de sa chambre, dans un cadre d'argent.

Quels chagrins, quels découragements ont donc affrontés les jeunes fiancés ? Comme Germaine pouvait s'y attendre, ses parents ne sont pas enthousiasmés par le garçon qui souhaite obtenir sa main. Les Donvil, plus aisés que les De Wael, s'estiment d'une condition supérieure, et pensent que leur fille pourrait prétendre à un meilleur parti. Ils ne sont pas insensibles cependant au caractère entreprenant de Robert qui a l'intention, leur a-t-il dit, de préparer les examens pour passer rapidement sous-chef de bureau, puis chef, à plus long terme. Sa passion pour l'armée, qui lui a fait intégrer un régiment de Grenadiers comme élève officier de réserve, aussitôt fini son service militaire, flatte secrètement M. Donvil. Les choses pourraient donc s'arranger si la question religieuse ne constituait pas un obstacle incontournable.

Robert n'est ni pratiquant ni même baptisé, ce qui interdit aux Donvil d'envisager un mariage à l'église pour leur fille, et cela, ils ne peuvent s'y résoudre. Ils sont secrètement consternés que Germaine leur ait ramené un athée, car ils croient sincèrement aux règles morales édictées par la religion catholique et se méfient des incroyants, des libres-penseurs. Germaine ne dit rien dans son journal des parents de Robert, Ernest et Marthe De Wael, qu'elle va beaucoup aimer dans les années à venir, et qui lui rendront largement son affection, de sorte qu'on ne sait pas s'ils sont approchés par les Donvil. Mais les Donvil doivent prendre discrètement des renseignements, oui, comme cela se fait, et ces renseignements ne leur apportent rien de rassurant.

Ernest De Wael, agent administratif à la maison communale d'Anderlecht, a la réputation d'être une personnalité singulière, indifférent à sa carrière, ours mal léché, dit-on parfois, mais surtout « bouffeur de curés ». Son anticléricalisme, qui fait sourire ses amis des bistrots d'Anderlecht – il ne croise jamais une soutane sans imiter le croassement du corbeau –, glace le cœur des époux Donvil. Quel phénomène est donc ce bonhomme, bon vivant et fumeur de pipe, et comment imaginer le recevoir à Saint-Gilles, dans le salon familial confit dans le respect des traditions ?

La renommée de son épouse, Marthe, qu'on dit plus avenante que lui, femme de tête qui n'aurait pas sa langue dans sa poche, ne réconforte pas les Donvil. Sans être franchement anticléricale, Marthe ne mettrait jamais les pieds à l'église.

Cependant, après bien des larmes, et certainement de longues périodes de découragement, c'est Robert qui trouve la solution : il va se faire baptiser, et ainsi les parents de Germaine ne pourront plus dire non à un mariage que l'on célébrera à l'église.

« Plus que jamais, écrit alors Germaine, je constate que je puis avoir confiance en lui et en ce bonheur que je croyais impossible. »

À l'été 1931, ils ne sont pas encore mariés, et cependant ils passent leurs vacances ensemble, non pas à

La Panne, auprès des sévères époux Donvil, mais à Ostende, sous le toit des De Wael, qui louent depuis des années le même appartement, à l'étage d'une grande maison proche de la plage. Est-ce Ernest ou Marthe qui les photographie, le 9 août 1931, chastement enlacés sur le sable ? Épaule contre épaule, ils se tiennent par la main. Elle porte un de ses délicieux chapeaux, et lui a un petit air de Gabin dans *Quai des brumes* avec ses yeux clairs et ses cheveux ramenés en arrière que le vent ébouriffe. Ils ont des visages apaisés d'enfants gâtés, comblés. Le 15 août, c'est sûrement Robert qui photographie sa jeune fiancée sur la promenade d'Ostende, car l'image est pleine d'une tendresse retenue. Elle se tient au garde-corps, au-dessus de la mer qui vient lécher la jetée, et elle lui sourit, presque gravement, sans cette étincelle de moquerie qui semble toujours dire qu'elle n'est qu'à moitié dupe des cadeaux de la vie. Elle est habillée de cette robe d'été blanche à pois rouges qu'elle portera de nouveau durant son voyage de noces et que son beau-père, Ernest, conservera bien des années après sa mort, comme si cette robe avait le pouvoir secret de ressusciter tant de grâce, de bonheur et de promesses anéantis.

« Chaque fois que je suis heureuse, confie-t-elle à son journal, de retour à Bruxelles, j'ai peur de l'écrire ici car je sais que ce sentiment est tellement fragile que la simple constatation du bonheur suffit à le faire fuir. Pour que cette idée se soit ancrée en moi, il faut que ce soit bien une réalité, réalité éclairée par le plus grand des amours. »

Et le même jour, 13 octobre 1931 : « Maman a été bien malade, j'ai cru la perdre. Je me suis rendu compte combien je l'aimais. J'ai constaté aussi que je n'aimais pas du tout faire le ménage. J'espère que cela changera. Nous allons suivre les cours de la Croix-Rouge. Ces cours me plairont-ils ? Je suis tellement changeante. Grave défaut que je me suis découvert depuis longtemps mais que je ne suis pas encore parvenue à corriger. Le temps est maussade aujourd'hui, ce n'est pas comme hier (promenade avec maman). »

L'année 1932 s'ouvre par une des phrases les plus douloureuses de son journal, comme si Germaine avait le pressentiment du destin tragique que lui réservait la vie.

« Je suis triste, mortellement triste, écrit-elle le mardi 5 janvier. J'ai l'impression que je vais vers un inconnu sombre et profond dont je ne sortirai jamais. C'était cependant si bon d'être heureuse. »

Sa mélancolie est d'autant plus inexplicable que le mariage tant attendu a été fixé au 4 mai de l'année nouvelle. Il aura lieu à Saint-Gilles, chez les Donvil, qui auront ainsi la maîtrise de la cérémonie et des festivités. Ce sera un grand mariage, célébré par le curé, un ami de la famille, et cela en dépit des haussements d'épaules d'Ernest De Wael. Les deux beaux-pères, qui se sont rencontrés, n'ont éprouvé aucune sympathie l'un pour l'autre, et ont dû faire un effort pour s'accorder sur les dépenses. « Ce sont des gens de la haute qui n'ont que mépris pour nous », dira plus tard Ernest en bourrant sa pipe. Et l'on devine sans mal ce que pensa de lui Eugène Donvil avec sa mentalité de notable.

Encore quatre mois à patienter pour Germaine et Robert, qui se retrouvent presque tous les soirs, avant de se séparer chastement, en dépit du désir qui les précipite l'un vers l'autre.

« Je n'ai jamais aussi bien compris qu'en cette époque-ci tout ce que le mot "devoir" comprenait de sacrifices, de luttes, écrit alors Germaine. Mais c'est si bon d'en sortir vainqueur. »

Enfin, le 4 mai 1932, les cloches de Saint-Gilles célèbrent à tout-va l'union de Joséphine-Germaine Donvil et de Robert De Wael, tous deux âgés de vingt-trois ans.

Germaine n'écrit pas un mot sur son mariage, et il faut attendre le samedi 30 juillet 1932 pour avoir des nouvelles du jeune couple.

« Il est deux heures moins dix minutes, note-t-elle ce jour-là. Je suis seule dans notre petit nid et j'attends mon chéri d'une minute à l'autre. Il va revenir d'un camp. Oui, j'ai un cœur. On est parfois fou dans la vie ! »

Robert rentre d'un camp d'entraînement chez les Grenadiers, et une photo immortalise ce retour. Élégante et raffinée, comme à son habitude, Germaine pose à côté de son mari qui n'a pas encore retiré sa tenue militaire. C'est peu dire qu'ils semblent satisfaits de se retrouver.

2

Lettres et photos sont là pour nous montrer combien Germaine apprécie ses beaux-parents. Élevée dans le sombre rigorisme des Donvil, la jeune femme n'est pas choquée par le nihilisme bon vivant d'Ernest De Wael. Droite et morale, à l'image de ses parents, elle trouve auprès des De Wael le moyen d'exprimer l'autre facette de sa personnalité : celle qui soudain doute, désespère parfois, et se surprend à rire de la vanité des hommes.

Le jeune couple passe toutes ses vacances d'été à Ostende, entre Ernest et Marthe, réservant aux Donvil certains déjeuners dominicaux et hivernaux, généralement pluvieux, auxquels Robert se rend au bras de son épouse, sanglé dans son plus beau costume. Les Donvil ne reconnaîtraient pas leur fille à Ostende : elle ne passe jamais derrière son beau-père, occupé à lire le journal dans son transat tout en fumant la pipe, sans lui chatouiller la nuque ou lui tirer une oreille. Et puis elle éclate de rire, et parfois Ernest, ce colosse, qui a largement une tête de plus qu'elle, fait mine de se lever pour l'attraper.

Lucette Ghesquière, qui a bien connu toute la famille dans les années 1930, sur la plage d'Ostende, se rappelle cette complicité entre le vieil homme et sa belle-fille. Marthe s'en amuse, paraît-il, tout en glissant de temps en temps qu'à présent mariée, Germaine devrait tout de même songer à « s'assagir ». Elle la trouve « un peu trop originale », « un peu trop moderne », dit-elle aussi, craignant sans doute que cela ne finisse par déconcerter son fils.

Et il est vrai que Robert est plus simple et carré que ne l'est sa jeune femme. Quand il se lance dans des tirades sur l'honneur des Grenadiers, par exemple, et que tout l'auditoire l'écoute religieusement – je veux dire la famille de Lucette, Ernest et Marthe, bien entendu, mais aussi les amis de passage, tel Gaston, le parrain de Robert –, eh bien, Germaine est la seule à sourire comme si elle n'y croyait qu'à moitié. Un jour, emporté par ses rêves d'héroïsme et de chevalerie, Robert lance même : « S'il faut mourir, je demande à ce que cela soit dans mon drapeau. » L'histoire ne dit pas ce que pensa Germaine de tant de grandiloquence.

Elle passe alors le plus clair de son temps à dessiner des toilettes – chapeaux, manteaux et robes –, donnant le sentiment de s'épanouir dans la création artistique, quand son mari tente à toute force de prendre rendez-vous avec l'Histoire. Lui entend devenir un héros, et le dit bien haut, pressé d'être reconnu, tandis qu'à l'inverse Germaine semble bouleversée et fascinée par le mouvement de la vie, l'éphémère beauté des sentiments et des choses. On comprend, à lire son journal, combien elle a conscience de la fragilité des êtres, de l'intelligence qu'il faut pour ne pas gâcher la grâce d'un moment, ou d'une relation, et quelle large place elle donne toujours aux sentiments nobles, à l'élégance, au respect, à la délicatesse.

En dépit de son amour pour Robert, elle saisit très vite qu'il n'a pas sa finesse, et le goût de son mari pour les honneurs et la parade, voire pour la séduction, sera l'occasion de violentes disputes dont on retrouve ici ou là quelques traces.

Ainsi, le samedi 22 juillet 1933, Germaine note-t-elle : « Nous avons été voir hier *Le Pays du sourire* à l'Alhambra. Très joli. Tantôt, je vais recevoir Lucienne. Je suis bien contente de pouvoir retrouver avec elle les bonnes années d'école car je m'aperçois que l'amour est une vaste blague. » « Une vaste blague », souligné trois fois.

Quelle bêtise a donc commis, ou énoncé, Robert pour la mettre dans cet état ?

Un mois plus tôt, le 29 juin, elle écrivait tout le contraire : « Je suis heureuse, très heureuse. Il y a demain trois ans que nous nous connaissons. C'est drôle, nous nous aimons beaucoup plus maintenant qu'au début de notre mariage. » Comme quoi, il ne faut pas prendre trop au sérieux les désenchantements de Germaine.

D'ailleurs, un an plus tard, elle y revient, cette fois dans un billet cinglant adressé à Robert où transparaissent sa forte personnalité, son exigence et sa capacité à traduire sa colère en mots assassins.

« Donc, mon cher mari, écrit-elle le 3 septembre 1934, vous vous obstinez à fouiller mes pensées, n'est-ce pas ?

« Eh bien, permettez-moi de vous dire que bien que vous vous posiez en gentleman, vous ne l'êtes absolument pas, car vous n'en avez pas les qualités essentielles : la délicatesse et la discrétion.

« Voilà ce que je pense de vous.

« Vous dites que vous n'aimez pas le peuple, et vous vous en rapprochez par vos pensées mesquines.

« Vous agissez excessivement mal, et je vous méprise un peu.

« Maintenant, il faut que cette histoire de l'armée prenne fin, car ma patience est à bout. J'ai déjà été assez froissée comme cela, je le juge assez.

« Si cette situation ne change, je me verrais obligée de prendre des mesures catégoriques et irrévocables, cette fois. »

Nous n'en saurons pas plus sur « cette histoire de l'armée ». Cependant, bien plus tard, dans ses lettres de prison, Robert dira regretter de ne pas avoir mieux écouté Germaine, qui aurait tenté à plusieurs reprises de le dissuader de passer tout son temps libre chez les Grenadiers, plutôt qu'auprès d'elle, et bientôt de leur fille, Monique.

Au mois de septembre 1936, toutes ces petites disputes sont balayées par une grande nouvelle qu'on garde au début secrète : Germaine est enceinte ! Enfin, allais-je écrire, tant on devine, sous la pudeur des confidences exprimées dans son journal, combien la jeune femme a espéré ce moment pour retenir son jeune époux et donner un sens à son mariage. « Pour une femme, écrit-elle, rien ne vaut l'ordre des jours et la paix du foyer. Elles ne le savent pas tout de suite, mais elles sont faibles. »

Emma De Wael, la cousine germaine de Robert, que l'on surnomme « Poupoule » dans la famille, se souvient comment l'on devina l'heureux événement, bien avant qu'il ne fût annoncé. Robert et Germaine avaient alors coutume de venir faire « un petit tour de bicyclette » le dimanche matin avec Georges, le père d'Emma. Robert et son oncle Georges (le plus jeune frère d'Ernest) partageaient en effet une passion assez exubérante pour le sport, et pour le cyclisme en particulier. Emma aimait les regarder s'équiper avant de prendre la route. Or voilà qu'un de ces dimanches d'octobre, Germaine ne se présente pas au côté de son mari.

« Tu es venu sans ta femme ? s'étonne Georges.

— Elle n'a plus très envie de faire de la bicyclette, ces temps-ci.

— Ah, tiens ! Elle n'est pas souffrante au moins ?

— Non, non, ne te fais pas de souci, elle est en pleine forme, c'est juste que la bicyclette… »

À la façon dont Robert avait souri, Georges avait deviné, paraît-il, et pendant le repas de midi il avait tout raconté à sa femme Eva.

« Ça ne m'étonnerait pas que Germaine…

— Quoi, tu crois ? Oh mon Dieu ! »

Poupoule et sa sœur Poulette (Henriette) avaient aussitôt applaudi, mais on leur avait recommandé la discrétion jusqu'à ce que Robert et Germaine annoncent eux-mêmes l'événement.

Monique Ernestine Joséphine vient au monde le 12 mai 1937, à la Fondation Baron-Lambert d'Etterbeek. « Yeux gris-bleu, une fossette au menton comme sa maman », écrit Robert De Wael à la première page de *L'Album de Bébé*. Il est secrètement déçu de ne pas avoir eu un garçon et, à Georges et Eva qui viennent le féliciter, il confie qu'il va élever sa fille à la dure, « comme un Grenadier ».

La petite est baptisée une semaine plus tard, le 19 mai, en l'église Sainte-Gertrude, à Etterbeek, par l'abbé Van Bellingen. Sa marraine est Joséphine Donvil, sa pieuse grand-mère, son parrain Ernest De Wael, le mécréant.

Robert et Germaine sont alors installés dans la commune bruxelloise de Schaerbeek, où Robert a trouvé un emploi d'agent administratif au cadastre. Ils louent le premier étage d'une maison charmante, au numéro 58 de la rue Floris, à une centaine de mètres seulement de la maison communale (on dirait en France la mairie) où travaille Robert. C'est dans cet appartement, le seul à disposer d'un balcon depuis lequel Germaine aime à guetter chaque soir le retour de son mari, qu'ils ont fait tendre d'un papier fleuri la petite chambre de leur fille.

Soixante ans plus tard, Monique De Wael, devenue Misha Defonseca, fera de cette maison un lieu d'effroi, celui où ses parents et elle, Juifs traqués par les Allemands, se cacheront en 1941 jusqu'au drame de leur arrestation. « Je n'ai clairement en mémoire que cette pièce lumineuse avec un balcon... écrira-t-elle. Il m'était formellement défendu d'aller sur ce balcon... J'entends la voix de ma mère, avec un accent russe : "C'est dangereux, mon amour d'amour, il faut essayer de comprendre..." C'était la guerre, mais je n'en avais qu'une notion très légère. Lorsque mon père l'évoquait, maman lui faisait signe de parler allemand, ou yiddish, pour que je ne comprenne pas... Mon père parlait aussi de cette étoile que devaient porter les Juifs, et qu'il ne porterait jamais lui-même... disait-il. Maman allumait des bougies et disait des prières. Elle chantait, cousait, dessinait, et me laissait jouer seule sous le lit où j'avais à ma disposition toute une ménagerie imaginaire, une armée d'animaux de toutes sortes qui me défendait contre l'ennemi... Il ne fallait pas faire de bruit. »

Germaine est la plus attentionnée des mères. Elle remplit scrupuleusement L'Album de Bébé. Première bouillie à six mois, le 16 novembre 1937. Mais le 2 décembre, catastrophe ! « Monique est malade d'un dérangement d'estomac provoqué par la farine, note la maman, ce qui a mis la maison sens dessus dessous. Sa première petite maladie ! Cela a duré huit jours. Suppression de la farine, remplacée par de la crème de riz et de la crème d'orge. Le 20 décembre, première petite soupe verte. »

Au printemps 1938, alors que Monique va fêter ses douze mois, sa première longue promenade est pour rendre visite à ses grands-parents paternels, rue des Déportés, à Anderlecht. Ernest et Marthe posent fièrement avec la petite dans les bras, dans le jardin, derrière la maison. Ils portent merveilleusement la soixantaine et on les devine comblés par ce cadeau de la vie.

Tout le monde se retrouve à Ostende, en août, et pendant que Marthe et Germaine renouent avec les châteaux de sable et les pâtés, Robert et son père évoquent gravement les risques d'une nouvelle guerre. En mars de cette année 1938, l'Allemagne nazie a annexé l'Autriche dans une indifférence quasi générale, seulement ponctuée de quelques protestations verbales. On évoque maintenant une prochaine offensive contre la Tchécoslovaquie, dont les frontières sont garanties par un double pacte d'assistance, l'un signé avec la France, l'autre avec l'Union soviétique. Comment imaginer que ces deux grandes puissances laissent faire Hitler sans réagir, et, si elles réagissent, comment le monde échappera-t-il à l'engrenage de la guerre ? Ernest, qui a servi en 1914-1918, est terriblement soucieux. Robert, lui, ne peut pas dissimuler une forme d'excitation fiévreuse, transie, car il a le sentiment que l'heure de son grand rendez-vous avec l'Histoire approche enfin.

Durant tout le mois de septembre, alors que la vie familiale a repris à Bruxelles, on s'interroge sur l'imminence de la guerre, balançant entre inquiétude et soulagement. Le 15 septembre, l'Angleterre capitule, par la voix de Chamberlain, autorisant le Reich à s'emparer des Sudètes, cette région de Tchécoslovaquie en partie peuplée d'Allemands. On croit alors que la guerre n'aura pas lieu, mais le 23 septembre Hitler a soudain de nouvelles exigences, réduisant à rien l'accord signé avec Chamberlain. La tension grimpe aussitôt, cette fois la guerre semble inévitable, et à Paris, comme à Bruxelles, on mobilise.

Lieutenant de réserve, Robert De Wael est prévenu qu'il va être appelé sous les drapeaux d'une heure à l'autre. Conscient de vivre un moment historique, il commence aussitôt à rédiger un « carnet de campagne ».

« Depuis plus de quinze jours que dure la tension entre l'Allemagne et la Tchécoslovaquie, tous les pays de l'Europe sont dans la fièvre, écrit-il le lundi 26 septembre 1938. Il n'y a pas de panique, mais les faux bruits se répandent avec rapidité, comme en 1914. On ne changera jamais les foules ! Pour moi, je reste calme. Un peu nerveux seulement de ne pouvoir consacrer tout mon temps à mettre mes affaires militaires en ordre si besoin était. De même d'ailleurs que mes affaires civiles, et notamment tous les renseignements à donner à Germaine.

« À part cela, je n'ai nullement peur d'une mobilisation – loin de là. Je vis un curieux état d'esprit.

« Aimant les miens – Germaine, notre chère petite Monique et les parents –, j'éprouve une peine intérieurement. Et cependant, avec mon tempérament militaire-né, j'envisage sans peur toutes les éventualités.

« Ce n'est pas parce que je ferai mon devoir sans trembler que je n'adore pas les êtres qui me sont chers. Hélas ! Pour la foule, qui peut comprendre cet état d'esprit si peu conforme à celui de la grande masse ? Germaine seule, peut-être, et mon père.

« Je m'attends à être rappelé cette semaine. Attendre, voir venir, et faire son devoir (ou ce que l'on croit tel), toujours et partout. Voilà ma ligne de conduite, la seule que je juge digne pour un officier. »

« Les nouvelles se gâtent. Je pense qu'un conflit est inévitable en Europe centrale, reprend-il le lendemain, 27 septembre.

« Hier soir, au mess des officiers, j'ai écouté le discours du Führer. Bien que flatteur pour la France et l'Angleterre, il menace néanmoins la Tchécoslovaquie et l'Europe centrale. C'est très habile, mais je crois que la France soutiendra son alliée malgré tout.

« Hier soir et ce matin, fièvre accrue. On mobilise partiellement partout. Au bureau, inquiétude. C'est embêtant, c'est vrai, d'être dans l'incertitude.

« Le soir, surprise, j'apprends la mise de l'armée sur pied de paix renforcé.

« Cette dernière après-midi au bureau (cadastre de Schaerbeek) a bien été une veille de mobilisation.

« Je fais avec Germaine mes derniers préparatifs pour mon paquetage de guerre.

« Nous sommes nerveux, c'est certain. Déjà, l'après-midi, pendant que Germaine allait se faire soigner les dents chez mon cousin, Maurice De Wael, à Anderlecht, j'avais préparé mes carnets, bouquins, cartes, etc., aussi mes apprêts sont vite terminés.

« Un peu avant, dans la soirée, ne sachant encore rien, j'avais eu une conversation téléphonique avec mes parents et le père de Germaine. Je leur avais prêché le calme, même si j'étais rappelé. Et voilà qu'une heure après c'est fait.

« Dès que je suis prêt, je fais mes adieux à Germaine. Je lui ai donné auparavant toutes les instructions nécessaires, tant pour mon traitement civil que pour mes parents, et diverses questions accessoires.

« J'arrive aux Grenadiers à 9 heures. Du monde. Soldats de l'active et de la réserve galopant dans les couloirs déjà encombrés d'armes et de matériel.

« On me dit que je suis officier en surnombre au 2e régiment. Puis on me remballe chez moi en me disant de revenir demain 28 à 6 ou 7 heures du matin. Je quitte l'état-major.

« Durant ces quelques heures, j'avais été un peu ému, surtout en quittant Germaine et Monique que j'avais fortement embrassées.

« Surprise de Germaine de me voir revenir. »

« Très mauvaise nuit, poursuit-il le lendemain 28 septembre. Notre pauvre petite Monique, gênée par des piqûres de moustique, se tient éveillée et nous empêche de dormir jusqu'au matin.

« Il est vrai qu'une autre raison nous a tenus, Germaine et moi, éveillés au début de la nuit !

« À 5 heures, coup de sonnette énergique. Monique réveillée, sursaut, pleurs. Germaine la câline. Je vais voir à la porte. Un agent me remet mon avis de rappel. Cette fois, c'est tout à fait certain. Pendant que je m'apprête, Germaine parvient à endormir Monique. Le jour se lève, glauque. Il fait doux. Je suis prêt en peu de temps. Café rapide. Enfin, à 6 heures, adieux sincèrement émus à Germaine qui m'accompagne sur la porte. Baisers donnés à Monique. Dernières recommandations à Germaine, et me voilà en route.

« Lorsque j'arrive à la caserne des Grenadiers, animation ! Du monde. Civils, soldats, officiers, en tas ! Des camarades de promotion. On s'interpelle. On se passe des nouvelles.

« Je parviens, vers 9 heures, après plusieurs conversations avec le major Wanky, avec le commandant Mechelynck, à me faire désigner comme officier de renseignement au 1er Grenadier. Du coup, me voilà avec le régiment actif, et versé à l'état-major.

« Je fais part de cela par téléphone à Germaine qui est contente.

« Au même moment, un camarade m'annonce que mes parents sont là.

« Je vais à la porte principale et les amène jusqu'à la salle d'attente du mess des officiers. Père est ému mais ne veut pas le montrer. Mère refoule ses larmes. Je les réconforte de mon mieux. Je leur assure que j'ai un poste intéressant. Ils partent à 10 heures un peu rassurés, et vont voir Germaine et Monique.

« Aussitôt après leur départ, je pars pour ma première mission : réquisitionner des vélos et les distribuer aux détachements. »

Le lieutenant De Wael aura tout juste le temps de boucler cette mission, avant d'être renvoyé dans ses foyers, car, entre-temps, Hitler, Mussolini, Chamberlain et Daladier, réunis à Munich le 29 septembre, ont signé le fameux accord qui fera dire à Churchill : « Le gouvernement avait à choisir entre la honte et la guerre. Il a choisi la honte et il a eu la guerre. »

Robert De Wael ne dit pas autre chose dans les dernières lignes de son carnet. « La campagne des six jours est terminée, écrit-il. Résultat ? Sans bataille, l'Allemagne a gagné la guerre et obtenu ce qu'elle voulait. La Tchécoslovaquie paie les pots cassés. Ce sera partie remise, car l'Allemagne aura d'autres appétits, et cette fois l'Empire britannique ne sera plus disposé à transiger et à reculer, faute d'être prêt. Retenons la leçon : la grande bagarre viendra tôt ou tard. À nous d'être prêts. »

3

Comme l'avait prévu Robert De Wael, « la grande bagarre » s'annonce moins d'une année après l'alerte de septembre 1938. Le 25 août 1939, le lieutenant de réserve est rappelé sous les drapeaux. Il ouvre ce jour-là un nouveau « carnet de campagne » qu'il va tenir jusqu'à la défaite de mai 1940, mais en s'en tenant cette fois à de stricts renseignements militaires, sans évoquer jamais Germaine et Monique.

On devine pourtant sa tristesse de devoir les abandonner après le mois d'août passé en famille à Ostende, en la joyeuse compagnie d'Ernest et de Marthe, comme le veut désormais la tradition. De cet été 1939, le dernier qu'ils passeront à Ostende, demeurent deux photos qui disent mieux que des mots le bonheur qu'ils ont su construire depuis l'arrivée de Monique. Sur l'une, Robert, sandales et pantalon roulé sur les chevilles, contemple son petit ange blond en robe à fleurs et manches ballon qui s'est assise sur le muret de la jetée. Il oublie de regarder Germaine, qui tient l'appareil, et à laquelle Monique sourit, en fronçant les paupières et le nez à cause du soleil. Sur l'autre, les rôles sont inversés, c'est Robert qui prend la photo, et les deux femmes de sa vie lui sourient. Germaine très tendrement, comme si l'envie de se moquer de lui était passée ; Monique depuis le marchepied d'une de ces lourdes automobiles noires d'avant-guerre aux formes rondes et luisantes, comme si elle s'apprêtait à partir pour un long voyage. Elle a deux ans, ses parents la trentaine, il ne leur reste alors que deux années à vivre tous les trois ensemble.

Tandis que Germaine continue de noter scrupuleusement tout ce qui concerne la croissance et l'éveil de leur fille – « Donne de gros baisers qui rachètent ses moments d'humeur », écrit-elle dans la colonne des « Bonnes habitudes » – Robert énumère avec le même scrupule la teneur de chaque événement, et de chacune de ses missions. Militaire-né, comme il l'écrivait un an plus tôt, on le sent, à travers ce souci du détail, mû par le vertige d'entrer enfin dans l'Histoire et de n'en rien rater.

« 25 août 1939. 1er jour de l'état de mobilisation.
Phase A décrétée. Heure H : 14 heures.
Rappel 4 classes.

« 26 août 1939. 2e jour. Opérations de réquisition :
camions, autos, motos, chevaux, vélos.
Vélos : 310. Réquisitionnés de 9 à 18 heures
place Fernand-Cocq, à Ixelles.

« 27 août 1939. Organisation de la Cie État-major du
1er Grenadier mobilisé.

« 28 août 1939. Organisation du service.
Cantonnements : Ixelles.
Reprise en main des hommes.

Choix des ordonnances et désignation des conducteurs de véhicules.

« 29 août 1939. Dernières opérations de mobilisation des unités du 1er Grenadier. Exercices.

À 21 heures, préparatifs pour faire mouvement éventuellement. »

La « drôle de guerre » est commencée, et elle va ainsi se poursuivre, sans qu'un coup de feu soit échangé, jusqu'à l'aube du 10 mai 1940, date à laquelle l'Allemagne attaque la Belgique sans préavis ni déclaration de guerre, et l'écrase en dix-huit jours.

Neuf mois de guerre au total, durant lesquels Germaine et Monique se tiennent solidement par la main, évoquant chaque soir, avant de s'endormir dans le même lit, la figure du jeune officier dont la photo repose sur la table de nuit. Monique écoute Germaine lui rappeler les bons souvenirs de l'été à Ostende, « quand papa te portait au-dessus des vagues ». Elle ne suce pas son pouce, elle trouve le sommeil en malaxant le lobe d'oreille de sa maman, puis en enfouissant son nez dans sa lourde chevelure.

Germaine, qui ne travaille pas, et touche chaque mois le traitement civil de son mari, est très entourée dans cette épreuve. Une fois par semaine, elle passe la journée à Anderlecht, chez ses beaux-parents, qui lui gardent volontiers la petite si elle a quelques courses à faire.

Ernest est fou de Monique, et il arrive à Marthe de l'appeler Robert, tant elle ressemble à son père petit, prétend-elle avec ravissement. La vie à Anderlecht, où l'on couvre Monique de peluches, est bien plus joyeuse qu'à Saint-Gilles, chez les Donvil, où l'on estime que l'enfant est beaucoup trop gâtée. Eugène Donvil reproche à sa fille de ne pas élever la petite dans la religion et il tente d'apprendre à Monique à ne pas commencer son assiette avant d'avoir rendu grâce au Seigneur.

Eva, Georges et leurs deux grandes filles, Poupoule et Poulette (que personne n'appelle jamais par leurs prénoms, Emma et Henriette), sont également très présents. Georges vient se remémorer rue Floris le bon temps des promenades à bicyclette avec Robert, Eva apporte une tarte, et les filles se disputent Monique qui fait rire tout le monde avec ses soldats de plomb. « Je reconnais bien là Robert, dit Georges, aller offrir des soldats à une fillette ! »

Plus discret, mais peut-être plus sincèrement attentif, Gaston Van De Stroden, le parrain de Robert, s'assure régulièrement que Germaine ne manque de rien. C'est un homme influent qui approche la cinquantaine, contrôleur de banque et conseiller communal, dont Robert a toujours écouté les conseils avec respect, et sur lequel Germaine sait pouvoir compter.

Ancien combattant de 1914-1918, doué de sang-froid et de raison, Gaston et sa femme Laure sont un précieux soutien pour Germaine quand éclatent les hostilités, ce sombre matin du 10 mai 1940. Bien que sur le pied de guerre depuis neuf mois, l'armée belge perd en quelques heures le fort d'Eben-Emael qui protège Liège, et doit se replier sur la ligne Anvers-Louvain, dernier rempart avant Bruxelles. Alors, le souvenir des atrocités d'août 1914 (villages incendiés, habitants massacrés) et l'irruption des premiers chasseurs allemands dans le ciel de la capitale jettent les populations civiles dans la panique. Deux millions de personnes se précipitent sur les routes en direction de la frontière française.

Sans instructions de son mari, dont elle ne sait même pas s'il est sorti vivant des premiers combats, qu'on dit terriblement meurtriers, Germaine est tentée de fuir pour sauver Monique. C'est Gaston qui l'en dissuade et lui demande de s'enfermer chez elle avec sa fille, de ne pas paniquer et d'attendre. Le conseil est judicieux, car il leur évitera un exode traumatisant, et finalement inutile, puisque, dès sa victoire acquise, l'Allemagne invitera les Belges à rentrer chez eux.

Pris dans la violence de la vraie guerre, Robert De Wael, si attentif à consigner chaque détail de sa vie de soldat, n'a plus le loisir que de traduire à grands traits une retraite qui n'en finit pas et le laisse hébété. Au moment de l'offensive allemande, il se trouve en première ligne, parmi sept mille hommes, à Tessenderlo, près de Beringen. A-t-il au moins l'occasion de se battre, avant de reculer, lui qui attendait ce moment depuis si longtemps ? À la lecture des dernières lignes de son « carnet de campagne », ce n'est pas certain.

« 10 mai. Alerte à 1 h 10. Occupation emplacements terminée à 4 heures. Attaque allemande de l'aviation à 5 heures. C'est la guerre aux côtés des Alliés.

« 11 mai. Aux premières heures de la nuit, départ vers nouvelles positions à Duffel – en deux étapes. Arrivée à Duffel le 12. La troupe et les officiers n'ont plus dormi depuis 48 heures, voire 70 heures !!

« Les journées du 12 et 13 mai. L'absence d'ordres, de nouvelles, de renseignements sur la situation – la fatigue – les attaques aériennes, les paniques, sont une dure leçon, éminemment profitable si elle permet la résistance désormais.

« Après une forte dépression, due à ce baptême de guerre peu ordinaire, et à la vue des réfugiés civils, officiers et troupes semblent se retremper.

« Pourvu qu'on dorme avant l'attaque. Tout est là. Avec des nouvelles de Bruxelles.

« On "flotte" dans un monde terrible et nouveau.

« 14 mai. Écrit à 1 heure du matin. »

Le carnet s'arrête là.

Le 28 mai 1940 au matin, la Belgique capitule. Trois jours plus tard, vaincu et démobilisé, terriblement inquiet pour les siens dont il est sans nouvelles depuis le début de l'offensive allemande, Robert De Wael est de retour rue Floris. Germaine éclate en sanglots en l'apercevant sur le seuil, et se jette dans ses bras, puis c'est au tour de Monique d'être consolée et câlinée. Elle a eu trois ans le 12 mai, en pleine débâcle, et, comme s'il fallait une preuve que la vie continue malgré tout, on lui organise un anniversaire à Anderlecht, chez Ernest et Marthe. Les Donvil, que l'on a pris soin d'inviter, se prétendent trop fatigués par les événements pour faire le déplacement depuis Saint-Gilles, et cela satisfait sans doute Ernest qui a bien du mal à supporter leurs « bondieuseries ».

La Belgique, dont le gouvernement s'est replié en France avant de rejoindre Londres, est désormais placée sous l'autorité du général allemand Alexander von Falkenhausen. Cependant, Berlin, qui poursuit la guerre sur de multiples fronts, souhaite profiter au maximum de l'administration belge, plutôt que d'immobiliser du personnel allemand, et tous les Belges sont donc priés de se remettre au travail. Ce que fait Robert De Wael, qui retrouve bientôt ses collègues du cadastre à la maison communale de Schaerbeek.

C'est là qu'il est discrètement contacté par un ex-officier d'active du 1er Grenadier dissous par les Allemands, le commandant Kaeckenbeeck, qu'il a connu durant la « drôle de guerre » et qu'il cite à plusieurs reprises dans son « carnet de campagne ». Que Robert Kaeckenbeeck demande à le voir est un honneur pour Robert De Wael qui le tient en très haute estime. Engagé volontaire en 1914-1918 à dix-sept ans, l'homme a l'étoffe d'un héros, maintes fois décoré, et donné en exemple pour ses qualités de soldat et de chef.

Les deux hommes se rencontrent durant cet été 1940, et le commandant Kaeckenbeeck dévoile son plan à son jeune admirateur : poursuivre la guerre dans la clandestinité en créant un réseau issu des Grenadiers, le « Groupement des Grenadiers résistants ». Chaque officier, dont lui, Robert De Wael, aurait la responsabilité d'une compagnie. Et chacun opérerait avec sa compagnie contre l'occupant. On ne dispose évidemment d'aucun écrit sur ce qui traversa l'esprit du lieutenant de réserve à l'instant où il comprit qu'on le jugeait suffisamment fiable, suffisamment compétent, suffisamment courageux surtout, pour prendre place dans l'organigramme de cette armée secrète, mais on peut facilement imaginer l'ivresse qui le saisit.

À charge, pour chaque commandant, de recruter ses hommes, a prévenu Kaeckenbeeck. Les autres officiers enrôleront les meilleurs de leurs ex-soldats. Robert De Wael, lui, se trouve dans une situation plus difficile : ancien officier de renseignement, il n'a jamais eu d'hommes sous ses ordres, et doit donc recruter des inconnus. Ce qu'il s'applique à faire dès le mois d'août 1940.

Il dispose pour cela d'un excellent poste d'observation à la maison communale, puisque les bureaux du cadastre donnent en plein sur la grande salle des guichets où défilent cet été-là tous les jeunes soldats fraîchement libérés de captivité par les Allemands, et soucieux de régulariser leur situation administrative pour pouvoir reprendre leurs études, ou trouver du travail.

De Wael aime le commandement, même dans le civil il a l'élégance et le maintien strict des officiers, et son titre d'ex-lieutenant au 1er Grenadier achève d'en imposer. Au sein de l'armée belge, les Grenadiers constituent le corps le plus prestigieux, l'équivalent peut-être de nos légionnaires, ou de nos unités parachutistes. Approchées sans trop de discrétion, parce que Robert De Wael veut montrer qu'il n'a peur de rien, les futures recrues sont impressionnées et ne se dérobent pas.

C'est en tout cas le souvenir qu'en a conservé Robert Van Den Haute, un ancien collègue de Robert De Wael, qui travaille alors dans le service voisin de la « Population ». Van Den Haute, lui même ex-commandant dans l'infanterie, se dit encore « effaré » par les risques que prenait son jeune confrère. « Il racontait à qui voulait l'entendre qu'il allait reconstituer un bataillon de Grenadiers, se rappelle-t-il, et en moi-même je me disais : "Ce gars-là n'est pas prudent, il parle trop, c'est un vantard. Si je dois un jour faire de la résistance, je n'irai sûrement pas lier mon sort à un homme tel que lui." » De toute façon, Robert ne le lui demande pas, estimant, paraît-il, qu'un biffin ferait tache parmi des Grenadiers, et Van Den Haute fera de la résistance tout seul en indiquant aux Juifs qui se présenteront à son guichet comment échapper aux agents de la Gestapo embusqués dans la maison communale.

Pendant que son mari entre ainsi dans une clandestinité toute relative, Germaine prépare le grand événement familial de l'automne : l'entrée à « l'école gardienne » de Monique (l'équivalent de la maternelle). L'école est située rue Gallait, juste au bout de la rue Floris, et par un hasard extraordinaire les fenêtres de l'arrière de l'appartement donnent exactement… sur la cour de récréation !

C'est désormais à l'une de ces fenêtres que se tiendra Germaine, les yeux embués, guettant les premiers pas de sa petite fille parmi l'essaim des écoliers, et échangeant avec elle des baisers soufflés. Au début, Monique ne veut jouer avec personne. Elle s'assoit toute seule sous les arbres et compte obstinément les feuilles mortes. Quand la cloche sonne, elle refuse de rentrer en classe, en dépit des encouragements gestuels et désespérés de sa mère.

Le chagrin manifeste de l'enfant, qui pleure chaque matin pour ne pas retourner à l'école, soucie Germaine.

Robert en est agacé, lui. Il craint qu'à trop couver sa fille, Germaine n'en fasse une poule mouillée. Déjà, depuis son retour de la guerre, la petite dort entre eux deux, dans leur lit, ce qui met régulièrement son père en rage.

« Jusqu'à quand vas-tu la garder entre nous ? » proteste-t-il.

Et Germaine :

« Que veux-tu ? Elle ne trouve pas le sommeil si elle n'a pas mes oreilles...

— Alors, à dix-huit ans, elle sera toujours dans notre lit !

— Oh, mon chéri, tu sais bien que non, ne dis pas de bêtises. »

Germaine demande juste un petit sursis, le temps qu'elles s'habituent l'une et l'autre aux longues séparations quotidiennes que leur impose l'école.

Quand Monique est endormie, et qu'ils se retrouvent enlacés dans le bonheur de la contempler, Germaine reproche gentiment à Robert de ne pas être suffisamment présent.

« Si tu savais comme c'est délicieux de l'écouter babiller le soir... Tu ne la vois pas grandir, un jour tu le regretteras.

— Maintenant, c'est toi qui dis des bêtises, rétorque-t-il, j'ai bien le temps de la voir grandir. »

Que Germaine sait-elle exactement des activités de son mari ? Tout, ou presque, semble-t-il, puisque dans ses lettres de prison Robert évoquera souvent les critiques de sa femme pour des occupations qui le tenaient éloigné de sa famille. Germaine, que l'engouement de son mari pour les Grenadiers avait exaspérée dans les années de paix, se permet même quelques réflexions grinçantes sur la fuite des « héros » dès le premier soldat allemand en vue. « Maintenant, on sait au moins une chose, dit-elle, c'est que les Grenadiers courent comme des lapins. »

Les premières recrues de Robert De Wael sont de jeunes étudiants, humiliés par la défaite, désireux de défendre l'honneur de la Belgique, et aussi inconscients du danger que leur chef. L'inconscience est d'ailleurs largement partagée durant les premiers mois d'occupation, les Allemands étant avant tout soucieux de favoriser le redémarrage du pays. Le commandant Kaeckenbeeck lui-même semble avoir oublié que l'ennemi est dans les murs, derrière chaque porte, et il choisit la date symbolique du 11 novembre 1940 pour porter sur les fonts baptismaux son « Groupement de Grenadiers résistants ». Ce jour-là se réunissent en plein Bruxelles, rue Ducale, chez l'ex-lieutenant du 1er Grenadier Pierre d'Alcantara, tous les chefs du futur réseau. Robert De Wael, qui connaît bien le comte d'Alcantara pour l'avoir côtoyé dès la campagne de septembre 1938, est fier d'être désormais son égal, à la tête, comme lui, d'une « compagnie de l'ombre ». On jure solennellement de poursuivre le combat dans la clandestinité pour préparer la libération par les Alliés, et le premier objectif que l'on s'assigne est la collecte d'armes en vue du jour J. Il est décidé que les armes ramassées, « par tous les moyens possibles », seront ensuite placées sous la responsabilité du lieutenant de réserve Marcel Colet, qui décidera de l'endroit où les cacher.

Robert De Wael apparaît très vite comme l'un des chefs de compagnie les plus audacieux. Avec quelques-uns de ses hommes, il retourne sur les anciennes lignes de front du 1er Grenadier récupérer des armes et des munitions abandonnées dans leurs dépôts souterrains. Et en plein jour, au nez et à la barbe des Allemands, il convoie son butin jusqu'à Schaerbeek. Entre-temps, il a quitté le cadastre, pour être promu par la municipalité « chef du district de ravitaillement ». Ses bureaux sont désormais rue des Palais, et c'est dans le sous-sol de ce bâtiment qu'il remise dans un premier temps son artillerie.

Les Allemands sont faciles à duper en cet automne 1940 – ils attendront le 7 décembre 1941, les premiers attentats et sabotages, pour instituer la peine de mort en cas de possession illégale d'armes –, de sorte que Robert De Wael se sent pousser des ailes. Durant les premiers mois de l'année 1941, il multiplie les coups de force. Ses hommes et lui ont appris que la Wehrmacht possédait un important dépôt d'armes dans la forêt de Soignes, à la périphérie de Bruxelles, et à plusieurs reprises ils s'y introduisent de nuit et le pillent. Chaque fois, les armes volées rejoignent le stock dissimulé dans les caves de la rue des Palais.

Porté par un sentiment croissant d'impunité, le jeune lieutenant parle trop, se vante, ne se cache pas, et il ne prête pas beaucoup d'attention à l'animosité que lui voue un de ses collègues, Albert Machtelincx, admirateur, semble-t-il, de Léon Degrelle, l'homme qui prône la collaboration avec le régime nazi et endossera bientôt l'uniforme des SS. Machtelincx a-t-il une véritable responsabilité dans l'arrestation de Robert De Wael ? C'est ce dont ce dernier se dira persuadé. « Ce salaud par qui tout est arrivé », écrira-t-il plus tard à son parrain, Gaston Van De Stroden, depuis sa prison.

Le feu se déclare le 19 septembre 1941 dans les caves où sont entreposées les armes. On dira que c'est Machtelincx qui l'a allumé, dépité de ne pas avoir été cru par la police allemande quand il était allé dénoncer De Wael. Cependant, ce dernier, avec un sang-froid qui force l'admiration, et sans doute une bonne dose d'inconscience, parvient à sauver son butin sous le nez des pompiers, et à porter les armes chez lui, rue Floris. Dès le lendemain, l'équipe du lieutenant Colet viendra en récupérer une partie.

Mais le drame est désormais écrit. Le lundi 23 septembre, la police allemande se décide à perquisitionner les sous-sols de la rue des Palais. Robert De Wael n'est pas inquiet, il n'y a plus un fusil, plus rien de compromettant, croit-il. Il se trompe. Les hommes de la Geheime Feldpolizei (GFP) tombent sur une boîte de cartouches qui semble avoir été placée là à dessein. Par Albert Machtelincx ? C'est ce que pensera De Wael. En tout cas, premier soupçonné, il est immédiatement arrêté, comme si la police n'attendait que ce prétexte. Et on le conduit à la maison communale de Schaerbeek où se poursuit la perquisition.

C'est alors que va se jouer le sort injuste et tragique de Germaine. Emma De Wael – Poupoule – se souvient que l'on sut très vite que la police allemande était à la maison communale. Aussitôt, il y eut foule sur la place. Des gens inquiets pour les leurs, parmi lesquels Germaine qui avait pu entendre et voir l'agitation depuis son balcon. Germaine s'approche, tente d'entrer, priant secrètement pour que Robert ne soit pas inquiété. Et soudain, il est là, devant elle, sous le porche de la maison communale, entre plusieurs policiers allemands.

Elle croit défaillir, mais Robert, apparemment très calme et maître de lui-même, plonge ses yeux clairs dans les siens. Il dira avoir voulu lui signifier d'aller chercher la petite à l'école, sans doute pour la voir une dernière fois avant d'être embarqué. Germaine, elle, songe aux quelques armes restées chez eux, et elle croit comprendre que son mari lui demande de les évacuer au plus vite. Elle acquiesce discrètement et court jusqu'à leur maison. Elle sera arrêtée un quart d'heure plus tard, sur le trottoir de la rue Floris, dissimulant un fusil sous son manteau.

Rue Floris, où la police emmène finalement Robert De Wael. Il ne sait pas que Germaine vient d'être prise, il espère pouvoir embrasser sa femme et sa fille. Mais il ne trouve personne chez lui et, aussitôt entrés, les policiers qui l'accompagnent vont droit sur le tableau du salon derrière lequel il cache la liste nominative de ses Grenadiers clandestins. Se rappelle-t-il avoir confié plus de vingt fois à ses collègues de bureau, sur le ton de la confidence, qu'il planquait à cet endroit les noms de ses hommes ? Robert Van Den Haute s'en souvient, lui. Et il assure qu'ils étaient nombreux à le savoir à la maison communale. Pourtant, jamais De Wael n'évoquera dans ses lettres son immense responsabilité dans les arrestations qui vont suivre, comme s'il n'en avait pas pris la mesure. À moins que l'arrestation de Germaine, dont il se sait le seul coupable, et dont la pensée ne va plus cesser de le ronger, lui ait fait occulter son autre faute.

4

Ce soir-là, c'est Joséphine Donvil, sa grand-mère maternelle, qui vient chercher Monique à l'école. Pourquoi Joséphine, et non Marthe, l'autre grand-mère, plus familière aux yeux de l'enfant ? Sans doute parce que Germaine a prévenu ses parents que Robert venait d'être arrêté, quelques minutes avant de prendre le fusil et d'être elle-même appréhendée.

Relatant l'arrestation de ses parents « juifs », Misha Defonseca décrit ainsi sa détresse, ce 23 septembre 1941, dans *Survivre avec les loups* : « Mon père devait venir me chercher, comme il l'avait dit une fois de plus avant de lâcher ma main. J'avais passé la récréation assise sous mon arbre, à contempler les immeubles, au-delà du mur de l'école, imaginant que ma mère était là, quelque part, et me voyait. Maintenant, j'étais assise sur les trois marches de pierre usées, seule sous le porche. Le temps passe et je regarde la rue, la porte de l'école est fermée, pour attendre j'invente un jeu. Je vais fermer les yeux, compter jusqu'à quinze, et mon père arrivera à quinze. Comme il n'est pas là, je recommence, encore et encore… et je compte toujours lorsqu'une voix me dit :

« "C'est toi, Mishke ? Viens avec moi."

« Je suis d'abord surprise, puis la recommandation de ma mère s'impose (si quelqu'un venait me chercher à la place de mon père, en me disant : "Tu es Mishke ? Viens avec moi !", je devais dire oui, et suivre ce quelqu'un sans résistance). C'est une femme que je n'ai pas vue arriver, probablement parce que je comptais. Courtaude, vieille, la voix un peu rude, vêtue d'un manteau noir et coiffée d'un fichu de même couleur. Elle me prend par la main : "Allez, viens."

« Je la suis comme un automate, nous remontons jusqu'au coin de la rue où logent mes parents, et là, soudain, il y a du bruit, des cris, des camions, beaucoup de gens. Il me semble qu'ils se battent, ou que certains en frappent d'autres.

« La dame me fait traverser rapidement en me disant : "Ne regarde pas, Mishke…" Elle me tire par la main, en répétant : "Ne regarde pas, Mishke." Chaque fois qu'elle prononce mon prénom, je pense à ma mère, je crois qu'elle me ramène à elle, et que je vais retrouver mes parents. »

La vieille dame courtaude, vêtue de noir, correspond bien à la silhouette de Joséphine Donvil. Monique la suit parce qu'elle reconnaît évidemment en elle sa grand-mère. Mais l'enfant a-t-elle vu de loin, comme elle en prête le souvenir à Mishke, la scène de l'interpellation de ses parents, avec les violences qui s'y attachent ? Monique De Wael le croit, tout en doutant de ses souvenirs. Elle n'a que quatre ans et quatre mois ce jour où sa vie bascule du bonheur douillet des bras de Germaine dans le chagrin abyssal et silencieux de l'absence, de l'attente.

Il semble que ça soit par Joséphine Donvil qu'Ernest et Marthe apprennent l'arrestation de leur fils et de leur belle-fille. Au travers d'une scène brève et cruelle qui exprime toute la rancœur que ne vont plus jamais cesser d'éprouver les Donvil à l'égard de Robert De Wael, considéré comme le seul responsable du châtiment qui s'est abattu sur leur fille.

Flanquée de Monique, Joséphine Donvil se rend directement de l'école à Anderlecht. Elle sonne à la porte des grands-parents De Wael. C'est Ernest qui ouvre.

« Les parents ont été arrêtés », dit-elle en poussant Monique dans les jambes du vieil homme.

Et sans un mot de plus, elle s'en va.

Peut-être cherche-t-elle surtout à dissimuler ses larmes, mais Ernest ne lui pardonnera pas sa dureté. « Le cœur sec comme un caillou », dira-t-il, chaque fois qu'il se remémorera cette scène.

Après un interrogatoire, Robert a été incarcéré à la prison de Saint-Gilles d'où il adresse sa première lettre à ses parents.

« Mes chers et braves papa et maman,

« Germaine est-elle déjà rentrée à la maison ? Sinon, j'espère que cela ne tardera plus. Notre petite chérie a tant besoin de sa maman.

« Quand Germaine rentrera, qu'elle aille chaque mois, au début, toucher mon traitement à la Caisse. Faites-le à sa place pour la première fois.

« Prenez la petite chez vous, et allez tous les deux ou trois jours à la maison, rue Floris. Réunissez-vous là, parfois le dimanche, avec les parents de Germaine, parrain et marraine, pour que Monique retrouve son atmosphère du foyer. Si nécessaire, que mère emploie quelques-unes de nos provisions, jusqu'au retour de Germaine. Soignez Monique sans la gâter, n'est-ce pas ?

« Mon vélo est resté au district, derrière mon bureau, ainsi qu'une mallette. Que père le rapporte à la maison, avec la mallette.

« Parlez à Monique de son papa, parfois, pour que ma petite chérie ne m'oublie pas. Faites votre possible pour qu'elle aille encore à l'école, afin qu'elle n'en perde pas l'habitude. Cela lui faisait tant de bien.

« Les cartes de ravitaillement sont dans le tiroir de gauche de la garde-robe, dans une enveloppe. Il y a de l'argent dans un portefeuille en crocodile appartenant à Germaine, et qui se trouve dans le tiroir de gauche du lavabo. C'est l'ultime réserve.

« Avec la carte de ravitaillement de Monique, allez à la commune de Schaerbeek pour obtenir les timbres pour elle – ne pas oublier le lait.

« Gardez Monique jusqu'au moment où Germaine rentrera. Ce que j'espère bien vite car notre petite chérie va réclamer sa maman et ses oreilles.

« Gardez bien notre appartement en ordre. Que maman aille coucher chez nous avec Monique de temps en temps, jusqu'au retour de Germaine que j'espère incessant.

« Le bonjour aux parents de Germaine. Je vous embrasse tous les quatre, et j'envoie à Monique de bons gros baisers de son papa chéri.

« Suivez bien les instructions pour m'écrire. Je vous aime tous bien.

« Votre fils repentant.

« Robert. »

Robert De Wael sait-il que sa femme a été prise avec une arme ? C'est peu probable, sinon il n'attendrait pas sa libération d'un jour à l'autre. Et lui qui a tant péché par bravade et légèreté semble soudain conscient de sa responsabilité dans le malheur qui vient de s'abattre sur les siens. « Votre fils repentant », signe-t-il, après avoir nommé huit fois Germaine.

Le lundi 30 septembre 1941, au huitième jour de son incarcération, il écrit à son parrain, Gaston Van De Stroden, qu'il n'appelle jamais que par la première lettre de son prénom, « G ». Celui-ci connaît un employé à l'administration de la prison qui veut bien « faire sortir » clandestinement les lettres de Robert, et remettre à ce dernier les lettres de Gaston, de sorte que la correspondance entre le filleul et le parrain, qui échappe à la censure, est plus riche en informations. Robert désigne cet intermédiaire dévoué sous le nom de « délégué », ou de « messager ».

« Bien cher G.

« Ce matin, à la promenade rituelle d'une demi-heure, j'ai appris par un nouveau détenu – ex-Grenadier arrêté lundi – une nouvelle qui m'a bouleversé. Il paraîtrait que Germaine aurait été relâchée samedi. Est-ce vrai ? Ici, au secret, on sait peu de chose, et encore faut-il faire terriblement attention. Comme je serais content pour Monique et pour sa maman ! N'empêche que même dans ce cas, fais-moi le plaisir de continuer à t'occuper d'eux, notamment pour obtenir que Germaine puisse toucher mon traitement chaque mois, et pour ses timbres de ravitaillement.

« Pour les parents, des deux côtés, veille surtout à ce qu'ils ne fassent rien d'intempestif, et dans la mesure du possible gardent leur calme. Qu'ils ne se rongent pas... surtout pour Monique.

« Pour mes futurs colis (un seul pour quinze jours, sans quoi cela ne passe pas), répète bien aux parents que je demande mon linge kaki (chemises, cols, cravates), moins salissant que le blanc. Rien de neuf : un pull-over, une écharpe, un pyjama (le plus vieux, toujours, comme pour tout). Des chaussettes, des sandales (mes rouges, ou celles en poil de chameau).

« S'il est vrai que Germaine est relâchée, fais-lui établir les mentions qui doivent figurer sur les paquets ficelés : nom, prénom, numéro de cellule – 251 –, comme cela je la verrai.

« Encore un point. Que père réclame les trois grandes cartes murales, laissées à mon bureau, qui m'appartenaient. Une de Belgique, une d'Afrique et une de l'Europe. Je serais content si tu pouvais me faire parvenir subrepticement cette dernière afin de me permettre de suivre les événements. Pliée en huit, cela prend peu de place, et je peux l'avoir reçue dans un colis.

« Sur les 498 francs que j'avais sur moi et que j'ai dû déposer au bureau de la prison, j'ai demandé à pouvoir payer mon téléphone, 120 francs. Le reste sert pour ma cantine. J'ai commandé dimanche – c'est le jour réservé à cela – du papier et de l'encre. De plus, on peut s'abonner chaque semaine à un journal. Dans cette solitude, je ne puis faire autrement.

« Les livres reçus le samedi de la bibliothèque de la prison sont d'une bêtise désespérante. D'où ma demande pour un livre de chez moi, et pour le petit lexique destiné à perfectionner mes connaissances en allemand, et... à tuer le temps.

« Avant d'apprendre l'heureuse nouvelle pour Germaine, j'avais préparé un petit billet d'encouragement à son intention, car ton délégué ne peut entrer en relation chez les femmes. Je garde toujours ce billet pour le cas où – hélas ! – la bonne nouvelle serait un mythe ; et où une circonstance exceptionnelle (comme samedi matin, quand j'ai aperçu Germaine dans le bureau du commandant) me permettrait de le lui passer. Mais c'est très dangereux.

« Ce qui m'est particulièrement pénible (j'évite d'y songer), c'est de ne plus voir Monique et Germaine. Celle-ci me l'avait bien prédit lorsque je sacrifiais trop de soirées à mon idéal dont on ne me tiendra aucun remerciement. "Tu regretteras, disait-elle, les bonnes soirées à trois, chez nous, bien au chaud." C'était très vrai. De ceci, cher G., pas un mot aux parents.

« On peut m'écrire une courte lettre (moins de quatre pages) tous les quinze jours, pas plus. En cas d'abus, suppression. Si en plus de cela, je pouvais, grâce à toi, recevoir aussi, tous les dix ou quinze jours, un courrier spécial, je serais bien content. Je préparerais ainsi, jour par jour, un petit courrier pour toi, les parents et ceux de Germaine.

« T'ai-je demandé de bien dire aux parents d'employer nos provisions pour Monique, à commencer par ce qui est périssable : un petit sac de 10 kilos de froment sous une chaise, dans la chambre à coucher – en faire du pain brûlé ; les œufs dans la cave ; le beurre qui reste (même rance, pour la cuisine). De veiller au jambon pendu dans la petite cuisine. Il y a du chocolat dans une grande boîte, au-dessus de la lingère, dans la chambre à coucher. Pas trop, pour que Monique ne soit pas malade. Bref, conseille-leur une bonne utilisation, et de l'ordre.

« Quand je suis entré ici, il y a huit jours, j'ai pu garder mon portefeuille, ma carte d'officier, la photo de Monique, mon stylo, un peigne, mon insigne de Grenadier, un ruban tricolore et un mouchoir – noir comme du charbon maintenant. Ma barbe pousse, je prends l'air d'un bagnard. J'ai demandé de pouvoir aller au coiffeur (tant pour rompre la monotonie de la journée que pour me raser). Pas de réponse. Il y en a trop. De mon côté, ce sont des gens au secret : un par cellule. Mais ailleurs, ils sont trois, et même quatre par cellule. »

La lettre se termine brutalement, sans signature ni formule d'au revoir, du fait vraisemblablement du passage inopiné du « délégué » de Gaston Van De Stroden.

Terriblement préoccupé par le sort de Germaine (qui n'a pas été relâchée, contrairement à ce que lui a rapporté l'ex-Grenadier), Robert De Wael n'a pas un mot pour ses compagnons d'armes arrêtés du fait de son imprudence. Ils sont quarante-trois à être tenus au secret, comme lui, dont le commandant Kaeckenbeeck, le chef du réseau, qui vient d'être pris.

Quarante-trois hommes soumis aux interrogatoires musclés de la police allemande, rue Traversière, au siège de la Geheime Feldpolizei (GFP), et qui vont bien vite se rappeler au souvenir de Robert De Wael. Au point qu'il reprend fébrilement la plume pour confier son désarroi à son parrain.

« 1er octobre 1941. Vers 20 heures. En dernière minute.

« Mon cher G.

« Je suis très abattu. Une catastrophe dans l'instruction ! Afin de sauver le chef au-dessus de moi dans la présente affaire, j'avais pris sur moi tous les péchés ! C'était déjà beaucoup. Hélas ! le lieutenant Spruyt – mon second –, travaillé par force d'une part, et persuasion d'autre part, a dit beaucoup plus que moi ! Du coup, des noms sont sortis de l'interrogatoire des quarante premiers arrêtés. Dont le commandant Kaeckenbeeck. Ça va faire une plus grosse affaire, où je passerai peut-être au second plan, mais qui n'est pas pour arranger les choses. “Ils” pensent dès à présent avoir affaire à trois compagnies, dont je suis la deuxième. Pourvu que cela s'arrête là ! Moi, j'avais avoué ce qu'il m'était impossible de camoufler, parce qu'ils me mettaient littéralement les preuves sous le nez ! Hélas ! maintenant... [...] Avec tout cela, l'instructeur sait que j'ai menti en voulant limiter les dégâts à une partie de ma compagnie, et que je n'ai pas eu la franchise de dire de suite la vérité. Résultat : il retarde la libération de Germaine qui aurait pu avoir lieu aujourd'hui, et il a empêché que me parvienne un colis !!

« C'est l'officier instructeur qui me l'a affirmé lui-même : le sort de Germaine et l'arrivée de mes colis dépendent de mon degré de sincérité. Tu te rends compte quels tourments!! J'ai lutté de mon mieux. On verra. Quel bain! J'ai la tête en feu. Par moments, j'aimerais qu'on me fusille.

« Le Feldwebel, adjoint au lieutenant commissaire, est plus humain. Il a dit qu'il me comprenait parfaitement. Il m'a promis d'intercéder pour que Germaine rentre. C'est pourquoi je pense qu'il faut tout faire pour appuyer cette démarche en vue de ramener Germaine rue Floris. [...]

« J'espère maintenant que devant ma sincérité de ce jour – j'ai dû reconnaître des preuves écrites d'autres prisonniers –, ils changeront.

« Je compte surtout sur toi pour conduire le conseil des parents et ne leur dire que le minimum pour qu'ils ne s'affolent pas. D'ailleurs, avec l'ampleur que "ça" va prendre, de gros événements extérieurs se produiront avant notre condamnation.

« Mais pour l'amour de Dieu, que Germaine rejoigne vite poussin. Comme je ne sais quand l'instructeur autorisera le passage de mes colis (Germaine en a-t-elle reçu, elle ?), pourrais-tu me faire parvenir par ton messager un petit paquet de vivres et le petit lexique allemand ?

« Je sais maintenant ce qu'est une captivité. Soutiens fortement le moral à Anderlecht et Saint-Gilles. Qu'on soigne Monique surtout. Pas d'affolement. Et que l'on aille à Schaerbeek de temps en temps avec la petite pour qu'elle aille à l'école.

« Je compte sur toi, on ne peut plus, pour des décisions sensées et calmes. Comme j'ai été bête de me laisser entraîner à toute cette organisation prématurée. Enfin, le vin est tiré.

« De toute façon, quoi qu'il arrive, même Germaine rentrée au foyer, je compte fermement sur toi et marraine pour seconder d'abord, et pour continuer si c'est nécessaire (absence très très prolongée de ma part) le soutien des parents à Monique.

« Qu'elle soit belge 100 %.

« Qu'elle n'oublie pas son papa.

« Qu'elle continue d'être un solide garçon manqué.

« Qu'elle aime la liberté !

« Si je ne suis pas fusillé (et cela n'ira pas si vite), je ne désespère pas de la revoir autrement qu'à l'occasion, hélas future, d'une visite à la prison.

« Surtout, qu'elle m'aime toujours !

« Sa maman lui reviendra vite, et cela c'est l'essentiel. Alors, soutiens-les toutes deux !!

« Merci.

« Des baisers fous à Monique. De filiales accolades bien aimantes aux parents, à marraine et à toi.

« Ton reconnaissant,

« Robert. »

Les Allemands ont compris le parti qu'ils pouvaient tirer du maintien en détention de Germaine pour obtenir des aveux de son mari. Robert De Wael en est conscient, et cela le précipite dans une angoisse qui semble par instants lui faire perdre la raison. « J'ai la tête en feu. Par moments, j'aimerais qu'on me fusille. »

A-t-il l'intuition qu'entravé dans ce piège, il ne tiendra pas ? On est frappé en tout cas par la soudaine dramatisation de son ton, au huitième jour seulement de son incarcération. Il a résisté aux premiers interrogatoires, on le suppose à le lire en tout cas, mais maintenant il parle. Du moins dit-il confirmer ce qu'ont avoué les autres, puisqu'ils en auraient dit plus que lui. Et il espère que sa « sincérité » lui vaudra en retour la bienveillance de ses juges. Qu'ils lui en sauront gré et libéreront Germaine.

Le 2 octobre, Ernest De Wael répond à la première lettre de son fils.

« Mon cher fils,

« J'ai bien suivi tes instructions et fait le nécessaire au bureau où j'ai touché ton traitement. Ton vélo, je l'ai rapporté chez toi, rue Floris. N'ayant pas la clef, je l'ai déposé sur le palier et j'ai invité ta voisine à demander à M. Donvil de le rentrer dans l'appartement, puisque lui seul a les clefs. Ta mallette de cuir est chez moi, à Anderlecht. [...]

« Jusqu'à ce jour, Germaine n'est pas rentrée, bien que nous espérions que l'instruction de cette triste affaire sera bientôt terminée et que l'on rendra une maman à ce pauvre petit gosse qui tous les jours parle de vous deux, et tous les matins à son réveil vous réclame.

« Ne te chagrine pas à son sujet. Elle se porte très bien et, après ses petites crises de larmes, se remet à jouer avec son petit bon-papa qui est presque retourné en enfance à force de jouer avec elle.

« Nous espérons toujours vous revoir tous deux bientôt. Nous avons peu de nouvelles de Germaine. Elle écrit probablement à ses parents qui de temps en temps nous donnent quelque espoir, selon le nombre de gueuzes absorbées. Enfin, tout s'arrangera. Je crois infiniment en la bonté des autorités allemandes qui, j'en suis certain, ne garderont pas plus longtemps un pauvre homme accusé de je ne sais quel méfait.

« Mais ne parlons plus de tout cela. Monique dit que nous sommes trois malheureux, parce que un jour elle a vu nos larmes, et depuis le répète souvent.

« Maman a été autorisée à remettre un second colis pour toi le jeudi 26 écoulé, l'as-tu reçu ? Oui, sans doute, ainsi que tes pantoufles remises à la Commandanture. [...]

« J'oubliais une chose primordiale : Monique fait du vélo comme une grande. Jeudi dernier, elle a fait le grand tour du parc. Mais le plus fatigué des deux était bon-papa qui avait dû galoper derrière elle. Tu seras étonné de voir comme elle roule bien et évite les passants par de petites courbes gracieuses.

« Encore une fois bon courage et de bons baisers de tes deux vieux.

« Père et mère. »

Monique De Wael ne se souvenait pas d'avoir pleuré ses parents, elle l'a appris au printemps 2008, en découvrant le contenu de ces lettres qu'elle avait rangées au fond d'une malle à la mort de son grand-père Ernest, en 1954, et n'avait jamais lues. Elle avait alors seize ans, et bien d'autres soucis. Toute cette correspondance se trouvait, dit-elle, dans le secrétaire d'Ernest De Wael, rassemblée sous un même élastique.

Quant aux Donvil, contrairement à ce que souhaite Robert De Wael depuis sa cellule, ils ne sont pas prêts à participer à des réunions de famille rue Floris, « pour que Monique retrouve son atmosphère du foyer ». Ils sont les seuls à posséder les clefs de la rue Floris et refuseront obstinément, jusqu'à la fin, d'en donner un double à Ernest et Marthe, de sorte que les provisions – froment, jambon, chocolat – n'atteindront jamais Monique. Au fil des jours, puis des mois, la rancœur des Donvil contre les De Wael ne fera que s'aiguiser. Eugène Donvil buvait-il avant l'arrestation de sa fille ? Désormais, pour noyer son chagrin, il abuse de la gueuze, cette bière puissante et aigre, et Ernest évoquera souvent les sautes d'humeur, et les propos imprévisibles, du père de Germaine.

Ce même 2 octobre 1941, Robert De Wael adresse une nouvelle lettre pleine de fièvre à son parrain, Gaston Van De Stroden, par l'intermédiaire du « messager ».

« 17 h 30. Mon cher G.

« Pas de nouvelles, pas de lecture, des pensées folles. Et toujours pas de colis, pas de paletot. Je gèle. Malgré mes demandes, je n'ai pu aller ni au coiffeur ni au bain. J'ai une barbe de dix jours.

« Ce matin, j'ai dû à nouveau sortir de la prison pour aller rue Traversière (c'est la cinquième fois). On voulait me confronter avec le commandant Kaeckenbeeck. Or, rien. Je fais mille suppositions. Et toujours on me répète que la libération de Germaine dépend de mon degré de sincérité.

« Toutes ces tortures morales, n'en parle pas aux parents. Dis que l'instruction se poursuit. Mais de grâce, des démarches pour faire sortir Germaine d'ici. Elle n'a rien fait. Juste un geste malheureux que je ne lui avais pas commandé. J'aurais voulu qu'elle aille chercher la petite à l'école aussitôt, et elle n'a pas compris ! Oh, les savoir réunies toutes deux !

« Rien de plus terrible que de priver quelqu'un, ou un peuple, de sa liberté. Mon ancienne impartialité pour "eux" s'en va vite. Derrière le décor, je les déteste plus que jamais. Ils ont des qualités, une essentielle manque : ils ne sont pas humains. [...]

« Le messager pourrait-il m'apporter des nouvelles de vous tous et de Monique ? Je serais si content qu'on songe aussi à me faire parvenir quelques petites photos de Monique. Je n'en ai qu'une sur moi.

« Je cesse ici, il est 18 heures. À demain, mes idées ne vont plus.

« Ce 3/10/41. 7 heures du matin.

« J'ai beaucoup songé à Monique. Veux-tu bien, cher G., répéter aux parents les recommandations très importantes qui suivent : il faut faire mener à Monique une vie régulière. Coucher obligatoire à 20 heures. Ne lui donner pour se coucher qu'un petit bout de chocolat. Ne pas faire tous ses caprices. Lui parler calmement car elle déteste les éclats de voix. Ne pas la gaver de biscuits, chocolat, pour qu'elle mange convenablement les vrais aliments. L'obliger à respecter l'heure des repas. Lui parler comme à une grande fille.

« Ne jamais la brusquer pour la laver. La raisonner en "grande". Ne pas tolérer de vilains mots. Et pour la corriger, lui dire simplement que sa "gentille" maman et son papa "chéri", pris par les Allemands, seraient très tristes, plus qu'ils ne le sont déjà, s'ils apprenaient que leur petite fille n'est pas sage. Qu'elle doit être très sage et douce pour obtenir que sa maman d'abord, et... plus tard (?) son papa, lui reviennent pour ne plus s'occuper *que* d'elle. *Rien* que d'elle.

« Tu leur diras, dis, G. ? Lis-leur même ce passage. Merci.

« Je vais manger. Café noir. Miche de pain, 125 g. C'est pour la journée. J'avale ça pour le déjeuner. Baisers à tous, je reprendrai bientôt.

« 9 heures du matin. Il pleut. On ne sort donc pas pour la promenade d'une heure. J'ai encore songé. Si nous avons le bonheur de voir vite sortir Germaine, que l'on fasse des démarches à la GFP, rue Traversière, pour me permettre de voir Germaine et Monique, ne fût-ce qu'un quart d'heure. Car ici, à la prison, les entretiens sont plus difficiles et plus courts. L'officier qui instruit s'appelle Kaminski, bureau au quatrième étage… »

« 3 octobre. 3 heures après midi.

« Mes chers parents,

« L'instructeur de l'affaire permet que l'on envoie un colis pour Germaine et un colis pour moi.

« Apportez ces deux colis lundi rue Traversière, quatrième étage, service de l'officier, pour qu'ils nous soient envoyés ensuite à la prison. […]

« Vous pouvez apporter mon vieux paletot brun, avec une étiquette au revers portant mon nom et mon numéro de cellule – 251.

« Faites vite. Baisers à tous, surtout à Monique.

« Robert De Wael. »

« Samedi 4 octobre 1941.

« Mes bien chers et braves parents,

« Merci pour votre premier envoi qui a été fait avec tant de soin. Notre petite chérie a-t-elle assisté à cela ? [...] Dites-lui que j'espère que sa maman reviendra bien vite de l'arrachage des pommes de terre. Et quand Germaine sera là, qu'on dise la vérité à ce brave petit cœur qui sans quoi risque de m'oublier.

« De bonnes grosses bises paternelles à poussin. Une bonne étreinte à vous deux. Courage.

« Votre Robert qui vous aimera toujours.

« P.-S. Demandez à pouvoir me voir rue Traversière. »

Sur la même page, Robert De Wael adresse quelques lignes à ses beaux-parents, Eugène et Joséphine Donvil, qu'il appelle « papa et maman ».

« Chers papa et maman,

« Le malheur ne dure pas plus que le bonheur. Ayez courage et foi. Le geste malencontreux qui a valu à Germaine d'être amenée *elle aussi* ici ne va pas être retenu. J'ai le ferme espoir (basé sur ce que j'entends) qu'elle rejoindra vite notre cher petit poussin. Et pour moi, c'est l'essentiel. Le reste viendra avec de la patience... plus tard. Surtout, ayez confiance.

« Quand Germaine rentrera, continuez à six (vous deux, mes parents, parrain et marraine qui sont si gentils pour nous) à seconder Germaine et Monique. La Providence nous aidera.

« Je vous embrasse bien fort tous deux.

« Robert.

« P.-S. Que maman conserve le beau manteau de Germaine jusqu'à son retour. »

5

Au fil du mois d'octobre 1941, le sort de Germaine devient l'unique obsession de Robert De Wael.

Sur des fragments d'enveloppe, des paquets de cigarettes ou des pages de journaux dont il recouvre les caractères d'imprimerie de son écriture de moins en moins formée, il bombarde Gaston Van De Stroden de billets désespérés confiés au « messager ».

« Ma pauvre Germaine, ma Michka, écrit-il le 10 octobre, je donnerais volontiers ma vie pour la savoir à nouveau chez nous avec poussin, réorganisant son existence, cette fois sans un idiot de mari qui sacrifiait son temps au lieu de le consacrer *uniquement* aux siens ! Je ne veux pas qu'elle paie pour moi !!! La sortir d'ici par tous les moyens. Cela ne me quitte plus. Ma femme ne doit pas subir ça. Hier enfin (après huit jours d'essais) j'ai eu Germaine à "l'écoute". Elle est en 145. A bon moral (dit-elle) et est courageuse. Mais bon Dieu, sa place n'est pas ici, loin de sa fille, sans soins intimes ! Fais pour elle l'impossible !!! »

Dans une précédente lettre, il racontait avoir localisé la cellule de Germaine, dans un bâtiment formant un angle droit avec le sien. Tous les soirs, expliquait-il, après le départ des gardiens, les détenus tentent de communiquer entre eux. « Ça fait une sorte de téléphone d'étage à étage, et de bâtiment à bâtiment. On emploie uniquement les prénoms et les diminutifs. Chacun agit de même, dans un charabia voulu et convenu. On dirait du petit-nègre. »

Monique De Wael savait-elle que son père surnommait sa femme Michka dans l'intimité, elle qui se fait appeler Mishke dans son livre, et qui adoptera le prénom de Misha ? Elle dit que la musique de ce prénom, sûrement maintes fois entendu, a dû rester gravée dans un repli de sa mémoire.

« As-tu demandé à la mère de Germaine si elle fait des démarches pour sa fille ? reprend-il le 13 octobre. L'officier instructeur continue à remettre toujours sa libération à plus tard, laissant planer le vague sur ses réponses. J'en tomberai mort. »

Et le 15 octobre : « Je voudrais ne pas penser car mes idées se rapportent à mon bonheur si proche et que j'ai gâché. Ça me donne comme des décharges électriques. Je ne parviens pas à tenir en place. Pauvre Germaine. Il faut qu'elle sorte ! Je ne sais pas à quelles extrémités je serais capable de me livrer quand je pense à Germaine,

Monique et vous tous. Je m'accuse de légèreté, d'imprudence et de folie ! Pauvre chérie qui ne cesse de payer pour moi. Et petit poussin ! Ah, j'ai mal, mal. D'ailleurs, rien à faire, je vois chaque fois devant mes yeux le bonheur déjà perdu pendant ces vingt-deux jours et dont je prive poussin et Germaine. C'est un vrai calvaire. Sans compter la douleur que je vous cause à tous. J'arrête, je n'en peux plus. »

Ce même jour, mais le soir, sur un paquet de cigarettes : « Toujours cette même pensée me hante : la libération de Germaine. À tout prix ! Elle n'a subi qu'un seul interrogatoire il y a quinze jours. Ça a duré cinq heures. J'ai appris cela hier à "l'écoute". C'est bien 145 pour elle. Elle a reçu son deuxième colis. Mais l'en tirer ! Puisse-t-elle vite rejoindre poussin chez nous, entourée par vos soins à tous. »

Cet unique interrogatoire de Germaine (quand son mari en a subi dans le même temps plus de vingt) semble attester que les Allemands ont très vite compris qu'elle n'était pas membre du réseau de résistance – elle ne sera d'ailleurs jamais confrontée à aucun des hommes arrêtés. Si l'officier instructeur la garde en détention, c'est bien pour peser sur Robert De Wael qui réclame sa libération à chacune de ses auditions, rue Traversière.

Et le chantage porte ses fruits, ajouté aux aveux des ex-Grenadiers de l'ombre qui, l'un après l'autre, si l'on en croit Robert De Wael, parlent sous la torture.

« Que de désillusions ! confie-t-il à son parrain dans un autre billet du 15 octobre. Tant de camarades ont déjà “parlé” que j’ai été forcé de reconnaître pas mal de faits bien graves ! Reverrai-je jamais mon “chez-moi” et mon poussin autrement qu’en visites ? Ici, on passe avec une rapidité inimaginable de l’espérance au désespoir. »

Voir Monique est une demande sans cesse exprimée par le détenu. Le 14 octobre, Gaston Van De Stroden lui répond dans une lettre brève et concise qui traduit bien le style de l’homme, et douche durement, on le devine, les espérances de son filleul.

« Regrette devoir te dire que visite impossible pour Monique (défendu de trois à seize ans). Même si c’était autorisé, le déconseillerais, malgré toute la peine que je te causerais, dans l’intérêt de l’enfant. Tes parents ont exprimé le même avis ; ce serait trop triste pour la gosse, et tes parents n’en sortiraient plus avec elle. Tu devrais entendre ses réflexions. Très intelligente ; j’aurais peur de voir ce cerveau en ébullition et ce qui pourrait s’en suivre (méningite). Abandonne cette idée tant que sa maman n’est pas auprès d’elle. Après, ce sera possible, si… question d’âge est aplanie.

« Monique va très bien. L’avons vue samedi. Très bon petit cœur, mais petit diable ; elle a cassé la pipe de bon-papa.

« Pas question d’école pour elle ; trop difficile pour tes parents.

« Question d’aller dans ton appartement, vaut mieux pas, pour Monique toujours. Il est préférable de ne pas lui rappeler actuellement de souvenirs de ce genre ; elle parle assez de vous deux comme cela. […]

« Ton beau-père pas au courant de nos entretiens, et tes instructions ont été interprétées comme sortant de la bouche de tes parents. Le malheur n'a rien appris à cet homme. Sa femme n'a pas beaucoup d'énergie et, je pense, tremble devant son mari, au point de n'être pas encore venue voir l'enfant. La demande de la conduire de temps à autre à Saint-Gilles n'a pas été formulée.

« Tu as insisté, j'ai donc dû te parler franchement. Mais que cela ne te chagrine pas. Peccadilles. Tout rentrera dans l'ordre normal avec le retour de Germaine. Le principal : Monique est bien chez toi. Le reste est enfantillage. Ne sois pas enfant en te tracassant pour cela.

« Du calme, du sang-froid, de l'énergie. Tu es homme.

« Très très affectueusement. »

Du calme, Robert De Wael a bien du mal à en conserver, qui écrit en marge du paragraphe lui signifiant qu'il ne verra pas Monique : « C'est à devenir fou ! » Et en marge des quelques lignes sur ses beaux-parents qui n'ont pas exprimé le souhait de voir l'enfant chez eux, à Saint-Gilles : « Je ne veux plus qu'elle y aille. Je le défends ! »

De ses grands-parents Donvil, qui disparaîtront à jamais de sa vie après la guerre, Monique De Wael a le souvenir de cette scène, tant de fois entendue racontée par la suite de la bouche d'Ernest, ou de Marthe. Un matin, sachant qu'Eugène Donvil doit déposer un colis chez eux, à Anderlecht, Marthe se poste avec Monique sur le seuil de sa porte, guettant le vieil homme irascible. Elle escompte qu'en apercevant sa petite-fille il va fondre, et la prendre dans ses bras. Eugène Donvil approche, le visage sévère et fermé, comme à son habitude. Va-t-il soudainement s'attendrir ? L'enfant est si jolie dans sa petite robe blanche à smocks, les cheveux tenus dans un ruban du même bleu que ses yeux. Mais non, il n'a pas un regard pour elle.

« Je ne vois pas la mienne, je ne veux pas voir celle-ci non plus », maugrée-t-il en tendant à Marthe ce qu'il est venu apporter, avant de tourner les talons.

Le 16 octobre, sans doute alarmé par l'insistance que met Robert De Wael à réclamer aux Allemands la libération de sa femme, et par son billet du 15 où il dit avoir reconnu « pas mal de faits bien graves », Gaston Van De Stroden adresse une nouvelle lettre à son filleul.

« À mon avis, écrit-il, ne leur demande plus la libération de Germaine. Ils croient te tenir par ce moyen ; tu leur as montré ton côté faible ; ils en profitent, dans l'espoir que tu pourrais leur en dire davantage. Les tiens ont du courage, aies-en aussi. Ferai demain certaines démarches pour tenter la sortie rapide de Germaine. »

Et dans la même lettre, évoquant le sort de son filleul : « Surtout, pas de cafard. D'après moi, simple condamnation à incarcération. Durée sans importance, car, au pire, la fin de la guerre apportera libération. Ne te ronge pas, garde ta santé. Il le faut. Tu as eu du courage dans le passé. Tu dois en avoir dans le présent. »

« Pour Germaine, se défend le même jour Robert De Wael par l'intermédiaire du "messager", sois sans crainte. J'insiste, mais ils ne me tiennent pas plus car je n'ai dit que ce qu'il fallait bien dire.

« J'ai la conviction que sa libération est possible. Rue Traversière, on me l'a affirmé. Un seul tarde encore à l'accorder, l'officier, Herr Kaminski. C'est tout, et les autres (sous-officiers) ne dissimulent nullement (je ne leur ai pas fait dire) que c'est inhumain. »

De ce courage, dont lui parle son parrain, Robert De Wael ne manque apparemment pas. Il n'évoque jamais la dureté des interrogatoires, et rarement les privations et les souffrances dues à l'enfermement, si ce n'est pour se réjouir quand les choses s'améliorent un peu. Ainsi, toujours le 15 octobre, dans un autre billet à son parrain : « Depuis ce matin 8 heures, on a commencé à faire marcher pour la première fois le chauffage central des cellules. Rassure donc les parents sur ce point. Il paraît que cela marchera de 8 heures à 5 heures chaque jour. Pas la nuit. Mais enfin c'est un progrès. Il n'est plus besoin de se promener de long en large, avec paletot et couverture sur le dos, en frappant des pieds. Si maintenant on avait de la nourriture suffisamment, et la lecture que j'attends, je supporterais avec plus de patience la douleur de la séparation des miens. »

Le 23 octobre 1941, pour le triste anniversaire de son premier mois d'incarcération, Robert De Wael adresse une longue lettre à ses parents et à sa fille. Il n'est plus le conquérant impatient et sûr de lui qui attendait son heure pour prendre place parmi les héros de l'éternelle

Belgique. Il est un autre homme, profondément blessé par ce drame qui n'en finit pas, et prêt à implorer le ciel, lui qui ne s'était fait baptiser que pour obtenir la main de Germaine.

« Mes bien chers et si bons parents, ma petite Monique chérie,

« Un mois déjà depuis notre malheur. Je vous demande pardon à genoux d'avoir – par amour-propre et parole donnée – continué à m'occuper de choses dangereuses. Hélas, pour timides qu'ils étaient, c'étaient vos conseils de prudence et d'abstention qui étaient bons. Je paie maintenant de mon bonheur. Mais prenons courage. Les épreuves finiront un jour. Ce qui me morfond le plus, c'est la captivité de Germaine. J'ai déjà demandé sa libération avec tant d'insistance !! Si elle était auprès de poussin, dans notre appartement, cela me soulagerait. Ma douleur serait atténuée. Je compte vivement sur les démarches de Gaston pour elle ! La mère de Germaine connaissait quelqu'un d'influent, agit-elle ? J'espère, inlassablement. [...]

« Chère maman, tu ne seras pas étonnée que dans la souffrance morale j'aie retrouvé la foi. Me blâme qui veut. Ici, tous prient. Et je t'assure que cela console. Je prie pour mon enfant, ma femme, vous tous que j'aime. Si je suis libéré dans un prochain avenir, j'ai promis une conversion et des pèlerinages. Je n'ai pas honte de le dire. Le coup a été si rude, inattendu. Une trahison.

« Fais réciter à Monique le soir une prière pour papa et maman, et pour que celle-ci revienne vite. C'est surtout cela qui me ronge pour poussin. »

Marthe a-t-elle exécuté la consigne de son fils ? Monique De Wael dit aujourd'hui ne pas se souvenir d'avoir prié pour ses parents. « Si j'avais lu ces lettres, et compris que mon père voulait que je sois catholique, poursuit-elle, je crois que je n'aurais pas pu, par la suite, me réfugier dans la religion juive. »

Quant à son arrestation, c'est la première fois que Robert De Wael évoque « une trahison » pour l'expliquer. Dans un billet non daté adressé à son parrain, rédigé au crayon noir sur le papier d'une enveloppe, et vraisemblablement postérieur à cette lettre puisqu'il parle de la fin prochaine de l'instruction, il y revient, et précise : « Je sais maintenant que c'est une trahison, un Belge, agent à eux, ouvrier à la commune, ex-militaire. Je sais son nom et son adresse. À quoi bon d'ailleurs. »

Gaston Van De Stroden lui répond le 26 novembre : « Tu m'as parlé d'un ouvrier communal. Te souviens-tu ? Si c'est lui (en es-tu absolument certain ?), j'insiste pour que tu me donnes son nom. »

Prière à laquelle Robert De Wael donne suite dès le lendemain. « Oui, écrit-il, ce salaud est le nommé Albert Machtelincx, 38, av. Louis-Bertrand. J'en suis sûr. »

On peut supposer que Gaston Van De Stroden mène alors sa propre enquête, et prévient les milieux de la Résistance de la dangerosité de cet homme. Cependant, son nom ne sera plus évoqué, par la suite, dans la correspondance entre le filleul et le parrain.

Ernest De Wael, vieil anticlérical, ne donne aucun écho à la foi retrouvée de son fils en prison. Dans sa réponse, datée du 4 novembre, il se borne à le rassurer sur les siens, sans parvenir à passer sous silence le sourd conflit avec les Donvil qui se cristallise autour de l'appartement de la rue Floris. Eugène Donvil est désormais qualifié d'« ogre ».

« Tout va bien, la santé est bonne, et Monique se porte admirablement bien, écrit Ernest. Elle a grandi et grossi, tu seras étonné de la voir à ton retour qui, je l'espère toujours, est imminent.

« Parrain a passé ce dimanche après-midi chez nous. Il me charge de te dire qu'après en avoir référé à quelques amis de bon conseil, il a choisi maître Thelen, rue des Minimes, pour le cas où tu aurais besoin d'un avocat. Il a vu ce dernier qui interviendra au moment opportun.

« Si un jugement doit intervenir après l'instruction, fais-nous savoir à ce moment la juridiction, aux fins d'intervention rapide et de consultation du dossier.

« Maintenant, fais-moi savoir également si tu as reçu les livres que tu avais demandés, et, le cas échéant, si tu as encore besoin de livres pour que je demande à l'ogre de les prendre chez toi, dans ton appartement dont l'entrée nous est interdite, par ordre de Germaine, dit-on, mais je n'en crois rien, ne pouvant croire avoir eu affaire à une ingrate après tous les sacrifices faits à ce jour.

« As-tu reçu également le dernier colis dans lequel mère a oublié, croit-elle, avoir mis six mouchoirs ? [...] J'espère que tu as du courage et que ta captivité ne sera plus de longue durée. Ton petit poussin t'attend et parle de toi tous les jours. Elle espère, comme nous, te revoir bientôt. Ne t'en fais pas à son sujet. »

Dans sa lettre suivante, datée du 18 novembre, Ernest De Wael revient sur Monique, puis sur le conflit avec les Donvil qui apparaît, de plus en plus, comme un dérivatif au chagrin qui accable les deux familles.

« Le moral de Monique est bon. Elle est très amusante et fatigue terriblement son bon-papa, c'est assez te dire qu'elle se porte bien. Sois tranquille pour ta petite fille, il ne lui manque rien, et je te promets qu'elle entrera à l'école dès que sa maman reviendra.

« Nous n'avons encore reçu aucune nouvelle de Germaine, de même qu'aucune visite de la marraine de Monique, ta belle-mère, qui n'a pas encore trouvé le moyen de venir voir sa petite-fille. Mais l'enfant ne s'en porte pas plus mal. L'autre jour, elle a demandé un morceau de chocolat à ton beau-père. Le lendemain, j'ai trouvé un livre de prières dans la boîte aux lettres, à l'adresse de Monique. »

6

Ernest De Wael se plaignait de n'avoir aucune nouvelle de sa belle-fille. Par quel canal lui arrivent donc deux lettres de Germaine, adressées à ses parents depuis sa cellule ? On imagine difficilement les Donvil remettant aux De Wael ces deux précieux témoignages d'affection. Peut-être Ernest ne les a-t-il obtenus, et lus, qu'après la guerre. En tout cas, ces deux lettres se trouvaient à sa mort dans son secrétaire, avec celles de son fils et de Gaston Van De Stroden.

« Bien chers papa et maman, écrit Germaine le 28 novembre 1941, après neuf semaines d'incarcération,

« Je venais d'écrire ma précédente lettre quand j'ai reçu la vôtre du 20 octobre. Je n'ai donc pu y répondre. J'étais très heureuse d'avoir enfin quelques nouvelles, surtout les quelques lignes de maman m'ont fait un plaisir immense.

« Les timbres sont les bienvenus. J'ai reçu hier mon colis. Comme toujours, il était bien soigné. Très contente des mots croisés et cigarettes, et de tout. Je voudrais la sixième série des mots croisés qui contiendra la solution de ces problèmes-ci.

« Quant au différend avec les parents de Robert, j'espère qu'on n'en parle plus. Je suis certaine que vous avez agi pour le mieux et dans notre intérêt. Très bien pour la serrure de sûreté.

« Robert a certainement assez de linge ainsi. Ce qu'il faudrait lui envoyer encore, c'est son costume gris foncé (son nouveau), pour qu'il soit présentable, et puisse renvoyer son brun qui doit être fripé maintenant. Envoyez-lui également sa gabardine, car il l'aime bien et est facile, ses gants de cuir et ses molières noires (dans une boîte dans la garde-robe).

« J'ai reçu hier le talon du mandat que vous m'avez envoyé. Grand merci. J'espère que maman n'oublie pas, à chaque colis qu'elle apporte, de reprendre la boîte que je dépose. La semaine prochaine, je remettrai tout ce que je n'ai pas besoin, notamment ma belle petite parure bleue, le lainage mauve de maman, une chemise de laine, ma belle écharpe. Cela m'encombre.

« Maman, j'ai fini le dos de ton tricot. Quand j'aurai fini un devant, je te le renverrai pour que tu l'essaies. Dans la prochaine lettre, explique-moi ce que tu veux, et les modifications éventuelles à y faire.

« Ta confiture de cerises est excellente, c'est celle que je préfère. Je voudrais un rouleau fin papier hygiénique, une houppette, de la crème Jasmine pour le jour dans un petit papier.

« Avez-vous donné des chaussures à Monique ? Elles sont dans la garde-robe, celles qu'elle a déjà mises, et ses gants de laine.

« Vous ne me dites rien de votre santé. J'espère qu'elle est bonne, comme la mienne. Mon seul désir est de vous retrouver bien vite, et ma petite Monique. A-t-elle encore perdu des petites dents ? Qu'on les conserve car j'y tiens énormément. Il y a des jours où je n'ose pas penser à ma libération, car cela me semble tellement beau que cela me paraît impossible.

« J'ai ce qu'il me faut comme linge, car je lave au fur et à mesure. Soignez-vous bien, et surtout ne vous faites pas trop de chagrin. J'ai tellement peur que Monique m'ait oubliée, moi qui ne passe pas un instant de mes journées et de mes nuits sans songer à elle.

« Je vous embrasse bien fort, et je mange Monique de baisers.

« Votre fille Germaine.

« Madame Jos. De Wael. Cellule 408. »

On est frappé par le calme de la jeune femme, comparé à la tension fiévreuse des courriers de son mari. C'est que Germaine est simplement victime des événements, elle n'a rien à se reprocher, quand Robert doit assumer seul la culpabilité d'avoir précipité les siens dans le malheur.

Germaine a l'élégance de ne pas rappeler qu'elle avait prévenu son mari qu'il le regretterait, l'élégance de ne manifester aucune amertume, aucun ressentiment, mais on cherche en vain dans ses propos l'expression d'une quelconque solidarité « patriotique » susceptible d'alléger un peu le fardeau de l'ex-Grenadier résistant. Quel réconfort ce serait sûrement pour lui d'apprendre que sa femme est malgré tout fière qu'il ait fait son devoir de citoyen, d'officier, en poursuivant le combat dans la clandestinité.

Gaston Van De Stroden lui apporte ce réconfort en lui exprimant son estime, quand il écrit : « Tu as eu du courage dans le passé. Tu dois en avoir dans le présent. » Mais ni Germaine ni ses parents n'auront jamais un mot semblable pour honorer la conduite de Robert De Wael.

Le 12 décembre 1941, Germaine reprend la plume.

« Bien chers papa et maman,

« J'ai bien reçu votre beau colis. Comme toujours, maman a bien fait son possible, et même presque l'impossible. Les spéculoos sont très bons. J'ai encore un peu de farine chez moi, tu n'as qu'à en prendre pour en faire encore.

« Si papa est un peu paresseux pour écrire, pourquoi ne m'écris-tu pas, toi, maman, tu sais bien que cela me fait plaisir. J'aimerais tant que papa écrive une gentille lettre à Robert, cela le réconforterait et nous ferait plaisir à tous les deux.

« J'ai fini de tricoter 1/2 devant de ton gilet, je l'ai assemblé et te le renverrai dans le prochain colis. Essaie-le et renvoie-le-moi en indiquant les modifications éventuelles. Joins-y du ruban faveur et soie assortis pour achever le décolleté comme il faut. Que dis-tu de la régularité de mon travail ? J'ai fait des progrès, n'est-ce pas ? L'assemblage est provisoire.

« As-tu envoyé un morceau de jambon à Robert ? Il le faut, car je ne sais pas s'il reçoit de la viande et il aime tant le jambon. Tous les matins je prie saint Michel avec le ferme espoir que 1942 nous verra réunis et que la Noël que nous passerons loin l'un de l'autre sera la dernière Noël de guerre.

« Et Monique ? Dans sa lettre du 20 octobre, papa m'en a à peine dit un mot. J'espère qu'elle va bien. Elle doit être devenue un enfant terrible maintenant que je ne suis plus là pour lui serrer les brides. Depuis bientôt trois mois que je suis ici, je n'ai pas encore osé regarder ses petites photos.

« Comme la séparation fait évaluer l'amour que l'on ressent pour les gens et les choses. Papa va bien, maintenant, je pense. Je le vois à son écriture, il fait de belles listes pour mes colis, c'est le seul échantillon de son écriture que j'ai pour le moment, c'est peu, mais cela me fait quand même plaisir.

« Mes chaussures sont usées. Envoie-moi, au prochain colis, mes escarpins bruns de Bally, sous-vêtement Rodier beige, caoutchouc pour jarretelles, tube dentifrice (je renverrai le vide). Ta confiture de rhubarbe est excellente, mais elle aurait été meilleure si le pot avait été plus grand ! Mon bonjour à Florence, et merci pour les cigarettes. J'espère que tu vas au lavoir de temps en temps.

« Je vous souhaite de passer la Noël en bonne santé. Moi, je songerai à vous de toute mon âme. Embrassez Monique pour moi. Je crois que lorsque j'aurai le bonheur de la revoir, je l'étoufferai de baisers.

« Je vous envoie mes plus douces pensées et vous remercie encore pour ce que vous faites pour moi. Je vous embrasse de toutes mes forces. Votre fille, Germaine.

« Madame Jos. De Wael. Cellule 408. Prison de St Gilles. »

Quel contraste, de nouveau, avec les billets de Robert De Wael qui semble parfois au bord de la démence.

Celui-ci, par exemple, daté du 26 novembre 1941, expédié à son parrain : « Que maître Thelen fasse l'impossible pour libérer Germaine au plus tôt. Je n'ai pas de nouvelles de ma femme, mon Dieu ! Attends Germaine, car moi j'en mourrai, je le sais. Je ne dors plus, j'ai des crises de folie en cellule. J'ai failli être puni vingt fois, j'ai les nerfs à bout, je songe au suicide ou à la fuite. »

Cet autre, daté du lendemain, moins décousu mais traversé par la même angoisse qu'il peine à contrôler : « L'instruction est finie ! Et malgré toutes mes insistances ces voyous de la GFP n'ont pas relâché Germaine. J'en suis malade. Ils ont profité odieusement de ce chantage à mon égard. J'ai dû souvent paraître ce que je ne suis pas. Je n'en dors plus. J'aurais d'ailleurs des confidences à faire à maître Thelen qui doit obtenir de me voir au plus vite. Je n'ai plus été interrogé depuis le 1er novembre – et toujours au secret. Qui nous jugera ? (Nous sommes quatre-vingt-douze !! Sans les femmes.) Le conseil de guerre de Bruxelles ? Il faut le demander rue Traversière. Des prévenus ont déjà reçu des visites. À quand moi ? Germaine est en 408. Seule. Si son absence devait aller jusqu'au jugement, qu'on ne perde pas courage : même condamnée, une femme est aussitôt libérée. Donc, réconforte ses parents là-dessus. Mais j'en souffre. »

D'où Robert De Wael tient-il que la justice de l'Allemagne nazie libère les femmes, « même condamnées » ? Cette rumeur, qui doit circuler entre les prisonniers, témoigne de l'humanité et du sens de l'équité que les citoyens des démocraties d'Europe prêtent encore à Hitler en cette fin d'année 1941. En réalité, le 7 décembre 1941, dix jours après ce billet de Robert De Wael, est promulgué le décret *Nacht und Nebel* (« Nuit et Brouillard ») institué par Berlin pour lutter contre les actes de résistance à l'intérieur des pays occupés. Ce texte prévoit l'application systématique de la peine de mort contre les auteurs d'attentats, de sabotages, d'espionnage, ainsi que « contre toute personne qui détiendrait illégalement une arme » (accusation retenue contre Germaine et Robert De Wael). *Nacht und Nebel* stipule que les résistants, assimilés à des terroristes, seront transférés en Allemagne pour y « disparaître », qu'ils soient jugés ou non par des tribunaux allemands, et quelles que soient les peines infligées. Y « disparaître », au sens propre du mot, c'est-à-dire que leur mort sera volontairement entourée du plus grand secret. Le Führer escompte ainsi glacer d'effroi ceux qui seraient encore tentés d'entrer dans la clandestinité, et en finir avec la guerre de l'ombre.

Confronté aux premiers attentats dirigés contre des collaborateurs (le 17 septembre 1941, Paul Gérard, patron du mouvement Rex à Tournai, a été abattu, ainsi que deux policiers allemands), le général Alexander von Falkenhausen va très vite saisir l'opportunité du décret *Nacht und Nebel* pour déporter vers l'Allemagne tous les prisonniers politiques. C'est le plus sûr moyen pour désengorger les tribunaux de la Belgique occupée, pense-t-il, mais c'est surtout un avertissement adressé à tous ceux qui voudraient poursuivre la lutte. Dès janvier 1942, les premiers détenus politiques vont prendre le chemin de l'Allemagne nazie, et, parmi eux, Germaine et Robert De Wael…

En décembre 1941, cependant, tous deux croient encore, comme tous les leurs, à l'équité de la justice allemande, et Gaston Van De Stroden fait tout son possible pour préparer au mieux le procès à venir.

« J'ai été amené à choisir un autre avocat, en plein accord avec tous ceux qui s'intéressent à ton sort, écrit-il à son filleul le 14 décembre 1941. Il s'agit de maître Eickhoff qui m'a dit te connaître très bien. N'escompte pas sa visite pour l'instant, l'instruction étant toujours en cours. »

Puis le parrain cède la plume au père, et Ernest De Wael écrit à son fils : « Surtout, ne t'en fais pas, et garde un bon moral, sois fort devant l'adversité et crois en la clémence des autorités. Ces messieurs n'oublieront pas, au dernier moment, que tu as un enfant et une femme à protéger et à chérir. »

Dans cette longue lettre écrite à deux mains, et même à trois puisque Laure, la femme de Gaston, met un petit mot, il est aussi beaucoup question de Monique et des Donvil. Le 14 décembre est un dimanche, et l'ambiance est joyeuse à Anderlecht en dépit du drame qui est dans tous les esprits.

« Cher Robert, commence Gaston Van De Stroden,
« Très heureux de te faire savoir que ton poussin se porte très bien. Elle a été très gâtée par saint Nicolas : bonbons, chocolats, pralines, jouets, harem de poupées. Elle a été très contente. Quel petit diable, mais quel bon

petit cœur ! Ce qu'elle sait nous faire rire par ses reparties vives et spirituelles. Elle est choyée et aimée de tous. Pour le moment, marraine, à quatre pattes, joue au chameau, Monique étant le cavalier. Ne crois pas qu'elle vous oublie ; elle parle de vous deux chaque jour. Sois fort ; tu la reverras bien portante. [...] »

« Mon petit Robert, poursuit Laure Van De Stroden,

« Nous pensons beaucoup à toi. Si tu me voyais pour le moment, tu rirais, je ressemble à la sorcière de Blanche-Neige, Monique m'a habillée d'une façon épatante.

« Nous t'aimons. Courage. »

« Cher Robert, termine Ernest De Wael,

« N'insiste plus pour que l'on s'entende avec ton beau-père. C'est un homme d'un caractère impossible, et malheureusement la plupart du temps pris de boisson. Donc toute discussion avec pareil type est inutile et ne servirait à rien. Ainsi, jusqu'à ce jour, il ne nous a pas encore donné la moindre nouvelle de Germaine, juste la lecture de la première lettre par laquelle elle demandait un colis. Depuis le jour où j'ai touché ton traitement, il a été piqué au vif, et quand on demande s'il a des nouvelles, il jette les bras au ciel en disant qu'il ne parlera plus. Laisse donc agir Gaston, et ne t'inquiète plus de M. Donvil, tout s'expliquera plus tard, s'il en vaut réellement la peine. [...]

« En ce qui concerne ta bonne petite belle-mère, elle n'a pas encore trouvé le temps de venir voir sa petite filleule, et voilà trois longs mois qu'elle ne l'a vue. Donvil avait intimé l'ordre à ceux de la rue des Déportés, c'est ainsi qu'il nous appelle, de présenter l'enfant tous les jours, pendant une demi-heure, au café du "Chapeau blanc". Je m'y suis énergiquement opposé. Monique, qui m'a été confiée par M. le bourgmestre de Schaerbeek, ne me quittera qu'avec son papa ou sa maman. Il a dit qu'il viserait les jours auxquels il ne l'aura pas vue. Il n'a qu'à se procurer un registre à cet effet.

« Il est bien entendu que tout cela se passe avec ta maman, parce qu'à un homme il n'ose rien dire, mais chagriner une pauvre mère éplorée, cela n'est pas difficile.

« Maintenant, Robert, ne crois pas un instant que nous avons ajouté de l'importance à ce qu'il est venu raconter au sujet des soi-disant ordres de Germaine. Tu sais fort bien qu'entre toi et Germaine il n'y a jamais eu la moindre différence et que nous l'aimons comme si c'était notre fille. Sur cette question-là, tu peux dormir sur tes deux oreilles.

« Souffres-tu encore du foie ? En ce cas, demande la visite du médecin de la prison, c'est un homme très gentil, et demande à recevoir un colis tous les huit jours.

« Je termine en te souhaitant bon courage.

« Père. »

Soudain, en janvier 1942, les événements se précipitent. Du départ pour l'Allemagne de Germaine et Robert De Wael, nous n'avons retrouvé que les fragments d'une lettre de ce dernier à son père – vraisemblablement ce qu'a bien voulu laisser passer la censure de la prison de Saint-Gilles.

« ... à ce que nous pensions nous serons jugés en Allemagne, écrit l'ex-Grenadier. Donc, grand départ imprévu. Nous sommes quatre-vingt-dix hommes et six femmes – accusées de ne pas avoir dénoncé leurs maris comme possédant des armes. Enfin !...

« J'ai pu voir et embrasser Germaine hier. Elle a grossi. Nous avons tous deux plus de courage qu'au début. Sérieusement. Soyez courageux vous aussi. Tous.

« Dites à notre fille chérie de patienter ; que le voyage de ses parents se prolonge un peu, mais finira bien.

« Achetez-lui de beaux albums de Tintin Milou.

« Veillez avec parrain sur nos intérêts. Nos biens. Malgré tout, ne perdez pas le contact avec les parents de Germaine. Car je tiens à mon petit appartement bourré de souvenirs chers à vous. Pour Monique. Qu'on y veille malgré eux. Mes chers livres !!

[...]

« Avertissez de même les parents de Germaine.

« Attendez de recevoir de nos nouvelles avant d'envoyer un colis là-bas. Et surtout, alors, plus de vêtements, car nous aurons du linge là-bas.

« Je dépose ici un paquet de vêtements et linge superflus ou sales. Que mère vienne le chercher sans faute.

« J'ai tout ce qu'il me faut. Sauf mangeaille. Mais il paraît qu'on en reçoit avant de partir.

« Ayez beaucoup de courage. Tout finira bien. J'ai su par Germaine que ses parents n'avaient plus reçu d'elle de lettres depuis le 28 novembre. Je lui ai communiqué tout ce que je savais sur Monique et vous. Elle est contente... »

La relative euphorie qu'on devine sous les propos hachés de Robert De Wael est due à la conviction qu'il a d'être envoyé, avec Germaine et ses codétenus, dans un « camp ». Il a pu s'entretenir avec sa mère durant un bref instant, quelques jours plus tôt, rue Traversière – « Mère a été si contente de l'accueil qui lui a été fait par messieurs les officiers de la rue Traversière, lui écrira Ernest, et surtout d'avoir reçu satisfaction auprès d'eux pour te voir pendant quelques instants » –, et, durant cette conversation, Robert a dit combien la perspective de ce camp le réconfortait. Emma De Wael, qui avait accompagné Marthe ce jour-là et l'attendait sur le trottoir de la rue Traversière, se souvient comme elle lui avait paru rassérénée en sortant de cette entrevue avec son fils. « Il sera tout de même mieux dans les champs, à travailler en plein air, qu'enfermé dans une cellule », avait-elle remarqué.

Ni Robert ni sa mère ne se doutaient de ce qu'entendait l'Allemagne d'Hitler par ce mot « camp », à la consonance si bucolique.

7

Le convoi du 30 janvier 1942 qui emporte vers l'Allemagne les ex-Grenadiers résistants, ainsi que six de leurs compagnes, ne prend pas la direction du lieu champêtre imaginé par Robert De Wael, mais s'arrête en gare de Cologne. C'est dans la prison de cette ville que le père de Monique est d'abord incarcéré, tandis que Germaine est enfermée dans la forteresse voisine de Brauweiler-lez-Köln.

Le courrier est désormais interdit et, à Anderlecht comme à Saint-Gilles, on ne reçoit plus aucune nouvelle. On se rassure, cependant, en songeant au procès qui mettra un terme à l'attente et permettra de voir le bout du tunnel. Quelques mois de prison tout au plus pour Robert, croit-on, et la libération tant espérée pour Germaine, « quelle que soit la peine prononcée par le tribunal ».

Le seul lien avec les deux détenus est alors entretenu par Gaston Van De Stroden qui se préoccupe de leur défense. Maître Eickhoff, l'avocat bruxellois, a fait savoir qu'il n'irait pas plaider en Allemagne, mais déléguerait le dossier à son correspondant sur place. Gaston cherche alors à entrer en contact avec ce correspondant, soucieux d'envoyer par son intermédiaire des signes de soutien à ses deux protégés.

« Monsieur l'avocat, écrit-il le 29 mai 1942 à maître Eickhoff,

« Vous avez bien voulu me communiquer que cette affaire est toujours à l'instruction en Allemagne, et je vous en remercie.

« La petite vient d'avoir cinq ans et, à cette occasion, je l'ai fait photographier. Il est certain que la réception d'une photo serait d'un grand réconfort moral pour les parents. Aussi, je vous serais très reconnaissant de bien vouloir me communiquer l'adresse de votre confrère allemand qui s'occupe de l'affaire : je pourrais ainsi lui écrire pour lui demander son intervention auprès du magistrat instructeur pour que ce dernier autorise la remise d'une photo aux parents intéressés. »

En possession de l'adresse de l'avocat allemand, maître Reuters, à Cologne, Gaston Van De Stroden renouvelle sa requête, le 9 juin 1942, en des termes sensibles et touchants qui attestent de nouveau combien il nous a fallu de temps pour admettre la barbarie nazie. « Je serais très heureux, écrit-il, si par l'intermédiaire du magistrat, ou de l'officier chargé de l'enquête, vous pouviez faire remettre aux parents une photographie de leur enfant. Toute correspondance semble être défendue entre les inculpés et leur famille ; la réception de cette photo leur donnerait l'assurance de ce que leur petite se porte toujours bien. Je ne pense pas que les rigueurs de l'instruction puissent s'opposer à la chose. Aussi, je ne doute pas que le magistrat enquêteur, peut-être lui aussi père de famille, aura l'extrême bonté d'acquiescer à cette demande. Vous et lui êtes certainement hommes de cœur. »

Maître Reuters a-t-il bien voulu tenter la démarche ? Germaine et Robert De Wael ont-ils reçu la petite photo de Monique prise le jour de ses cinq ans ? Apparemment non, l'un et l'autre étant maintenus dans un strict secret, totalement coupés des leurs. De retour à Bruxelles au début du mois d'août 1942, Robert De Wael parviendra à faire passer un bref billet à ses parents dans lequel il évoquera la dureté de son isolement et s'inquiétera de Monique, mais sans évoquer la remise d'une photo.

Que penser de ce retour soudain à Bruxelles de l'ex-Grenadier, durant l'été 1942, alors que le procès n'a toujours pas eu lieu ? La famille ne cherche pas à comprendre, mais y voit une raison de se réjouir, comme si l'événement annonçait enfin un dénouement heureux. D'ailleurs, tous croient dans un premier temps que Germaine aussi a été rapatriée.

« Mon cher Robert,

« La lettre que tu as écrite à tes parents et que ceux-ci nous ont communiquée nous a fait grand plaisir à marraine et à moi, écrit Gaston le 22 août 1942. Heureux de vous savoir à Bruxelles en bonne santé. Nous allons bien.

Ta petite Monique a grandi et te ressemble toujours. Nous la voyons très souvent, elle est aimée de tout le monde.

« Sois calme. Très calme. Ne t'énerve pas pour ta gosse qui parle toujours de vous deux et vous attend avec patience. Si un jugement doit intervenir dans l'affaire, préviens ; je suppose que tu seras autorisé à le faire, afin que j'avertisse maître Eickhoff. Donc, du courage, et surtout du calme. »

« Mon cher fils, écrit le lendemain Ernest,

« Nous te souhaitons tous de garder un bon moral et de patienter avec confiance pendant quelques jours encore en attendant la décision prise par tes juges qui, je crois, seront indulgents envers vous deux après un an déjà de détention. [...]

« Courage, et remonte-toi. »

Mais non, il n'est pas question d'une décision de justice, encore moins d'indulgence, et Germaine n'est pas à Bruxelles, elle est restée dans sa prison de Brauweiler-lez-Köln.

Alors pourquoi Robert De Wael a-t-il été ramené seul en Belgique ? « Vraisemblablement pour complément d'instruction », écrira Gaston Van De Stroden au parquet de Bruxelles, le 31 octobre 1944, au lendemain de la Libération, quand la justice militaire belge commencera à s'inquiéter d'une éventuelle collaboration de Robert De Wael avec les Allemands.

De nouveau incarcéré à la prison de Saint-Gilles, l'ex-Grenadier résistant n'est plus interrogé par la Geheime

Feldpolizei (GFP) de la rue Traversière, qui avait mené toute l'enquête jusqu'à présent, mais par la Gestapo, dont le siège est sur l'avenue Louise.

« Mère est parvenue, par la bonne obligeance des messieurs de l'avenue Louise, à te faire parvenir un colis qui te sera remis lors d'une visite ou interrogatoire », écrit Ernest De Wael dans sa lettre du 23 août 1942.

Et c'est encore dans les locaux de la Gestapo que Robert De Wael revoit enfin Monique, après onze mois de séparation. Ce qu'il n'avait pas pu obtenir de la GFP, il l'obtient de la Gestapo. Par humanité, par « bonne obligeance », penseront les siens. En paiement de sa trahison, diront bientôt certains de ses anciens compagnons d'armes rescapés des camps.

Cette entrevue avec Monique, Gaston Van De Stroden en confirme l'existence dans son rapport au parquet de Bruxelles du 31 octobre 1944. « En août 1942, écrit-il, Robert De Wael est revenu à la prison de Saint-Gilles. Ses parents obtinrent enfin – le premier depuis son arrestation – un permis de visite ; celle-ci eut lieu à la Gestapo, avenue Louise. Sa petite fille – qui avait quatre ans au moment de l'arrestation de son père – a ainsi pu le voir. Ma femme et moi-même, stationnant devant la Gestapo, nous avons pu l'apercevoir, à 20 mètres, au moment où il est remonté dans l'auto qui allait le reconduire à la prison de Saint-Gilles. Il avait le visage fortement boursouflé, et il souffrait certainement d'œdème. »

Monique De Wael a conservé un lointain souvenir de cette ultime rencontre avec son père, mais il doit s'y mêler des images rêvées, ou fantasmatiques, car la description qu'elle en fait ne correspond pas à la réalité des lieux – l'immeuble de la Gestapo. Elle voit un homme marchant à sa rencontre dans une allée plantée d'arbres. Il s'agenouille pour plonger son regard dans le sien. « Il a le visage en sang », dit-elle. L'aspect terrifiant de ce visage escamote tout le reste, et elle ne se rappelle aucun des mots prononcés par son père.

Mais il demeure de cette entrevue un document qui fait foi : une dédicace de Robert De Wael à sa fille.

« Comme souvenir
« à ma Monique adorée
« Son papa qui lui demande pardon
« de ne pas avoir pensé qu'à elle
« et à SA Maman.
« 13 août 1942
« Robert »

L'ancien officier de renseignement a rédigé ces quelques lignes sur la page de garde d'un gros livre, *La Prodigieuse Vie d'Honoré de Balzac*, par Benjamin Constant (Librairie Plon, 1926), qu'il remet à sa fille de cinq ans en guise de cadeau.

Monique de Wael a toujours cet ouvrage dont le papier, piqué de moisissure, porte les derniers mots qu'a voulu lui transmettre son père : une prière pour être pardonné. De ne pas l'avoir suffisamment aimée, ou, plus obscurément, d'avoir trahi par amour pour elle ?

La dédicace fut rédigée le 13 août 1942, sans doute en prévision de la rencontre tant attendue, mais il est vraisemblable que celle-ci eut lieu fin août puisque Ernest et

Marthe n'apprennent la présence de leur fils à Bruxelles qu'autour du 20 août.

Le mardi 25 août, Robert De Wael accuse réception du colis de sa mère, transmis par des agents de la Gestapo, et composé de dons de différents amis et cousins, dont un pain d'épice de tante Eva, la mère de Poupoule et Poulette.

« Mes bien chers tous que j'adore, écrit-il depuis sa cellule de la prison de Saint-Gilles,

« Remerciez bien fort tous les amis de leur intérêt pour moi. J'en ai pleuré. Merci ardemment du colis, ultra-excellent, enfin. Car j'étais mécontent du premier. Celui-ci est plus que bien. Heureusement.

« J'ai bien du chagrin que Germaine, restée là-bas à Brauweiler-lez-Köln (ou déjà peut-être à la prison centrale de Cologne ville), ne puisse elle aussi profiter de pareille aubaine, car elle en a autant besoin que moi, si pas plus. Je suis revenu seul, hélas !

« À propos des parents de Germaine, est-ce que oui ou non cette comédie va cesser ? Je désire que vous alliez dans mon appartement pour me faire parvenir mes vieilles chaussures. Pas d'autres. En acheter, alors que j'ai la paire chez moi ? Êtes-vous fous, tous ?

« Lisez bien la lettre annexée.

« Je vous embrasse tous, Robert.

« N.B. Le jugement aura lieu à Cologne, et il me sera impossible de vous faire savoir quand, une fois retourné là-bas. Plus de correspondance. »

La lettre « annexée », rédigée au verso d'une notice pour les « Vitamines Tétra », a dû sortir de la prison par le canal du « messager », et ainsi échapper à la censure, car son ton est autrement plus alarmiste.

« Annexe spéciale.

« Mes bien chers tous,

« J'ai peur de mourir, d'être condamné à mort.

« À propos des multiples démarches à faire pour sauver la situation de notre bonheur à tous, il en est une très importante : aller trouver les parents de mon ancien sergent, Henri Browers, 23, rue Goffart à Ixelles. Obtenir par le frère de ce garçon, qui est employé à l'ambassade d'Espagne, l'intervention en faveur de Germaine et de moi des autorités espagnoles. Cet Henri Browers m'avait promis, en novembre passé, d'intervenir pour nous. Ingrat, il a oublié, après son mariage sans doute.

« Mon Dieu ! faites l'impossible pour que les Espagnols appuient mes demandes comme je les ai formulées.

« Tirez-moi de grâce de l'enfer de ma cellule. Si vous saviez comme je souffre, vous n'hésiteriez plus.

« Baisers. Robert.

« Important. Très important. Outre les autorités espagnoles, obtenez, je vous en supplie, l'intervention :

« a. Du palais royal, par le commandant Mechelynck et le vicomte du Parc.

« b. De la princesse de Piémont.

« c. De l'archevêché de Malines. S'adresser au brave et jeune abbé Van Den B. de l'Institut Saint-Louis et à M. Perbaum, capitaine de réserve. »

On devine la souffrance qu'ont dû éprouver Ernest et Marthe en lisant ces lignes désespérées où l'on a parfois le sentiment que la folie affleure.

Ernest adresse en retour à Robert, le 3 septembre 1942, une lettre pleine d'affection et de raison, tout au long de laquelle il lui prêche patience et courage. La dernière lettre du père au fils, avant que ce dernier ne disparaisse petit à petit « dans la nuit et le brouillard ».

« Mon cher Robert,

« Bien reçu ta lettre du 25 août écoulé par laquelle tu reproches à mère la contenance du premier colis qu'elle n'est parvenue à te faire obtenir qu'après bien des démarches. Le colis ne pouvait contenir uniquement que du linge, et pas de vivres. C'est par faveur spéciale que le brave officier de l'avenue Louise a autorisé d'y mettre un pain, du beurre, du lait condensé et une boîte de pâté.

« Ton second colis t'a donc fait plus de plaisir, mais je constate que tu uses trop vite des vitamines qui doivent être prises avec méthode, n'oublie surtout pas que ce sont des médicaments et qu'il y a un mode d'emploi, ce qui te permettra d'en profiter plus longtemps, surtout qu'une fois en Allemagne il ne sera plus possible de t'en faire parvenir. Nous tâcherons d'en mettre davantage dans un prochain colis afin que tu puisses faire une petite provision en cas d'un retour là-bas, et préalablement en cas de partage avec Germaine.

« Maintenant, surveille-toi, et surtout ne mange pas de trop, cela pourrait te rendre malade et complètement détraquer ton estomac. Après les privations que tu viens de subir, il est prudent d'y aller lentement et avec beaucoup de précautions.

« N'en veux pas trop à ta mère. Tu sembles ne pas être content de ses faits et gestes. Elle est cependant d'un dévouement pour toi comme pas une ne le fera jamais, surtout à son âge. Elle court et se déplace continuellement pour parvenir à te satisfaire. [...]

« Ne te tracasse donc pas pour cette affaire, je n'ai pas cessé de te le dire, prends courage et patience, et si Gaston te dit de rester calme, c'est parce qu'il sait que le calme est une des choses primordiales dans la vie.

« Mère vient de renouveler ses démarches sur ton insistance depuis ton retour.

« En ce qui concerne le jugement dont tu parles, et que tu crois avoir lieu à Cologne, ne te chagrine pas, tu as un avocat à Cologne qui s'est mis d'accord avec maître Eickhoff et qui se charge de votre défense à tous deux.

« Mère a fait des démarches pour Germaine, comme elle en a fait pour toi, avec la même bonté de cœur, et comme si Germaine était son propre enfant. Tu verras plus tard, par des lettres que nous possédons de votre avocat de Cologne, que des démarches ont été faites pour vous deux. [...]

« M. Donvil t'aurait-il écrit que tu parles de ses bêtises ? Nous ne savons pas ce qu'il veut et quelle comédie il joue actuellement. Par la grâce de Dieu, ne parle plus de ton appartement et surtout des actes de M. Donvil. Ton chagrin lui fait plaisir. Si j'ai un conseil à te donner, ne t'occupe plus de lui.

« Reçois, cher Robert, de gros baisers de ta petite Monique qui ne cesse de parler de ses chers parents.

« Père, mère et Monique.

« N.B. Mère a déposé dix boîtes de vitamines avenue Louise, et en même temps a fait des démarches même avenue pour un colis pour Germaine. »

En marge de la phrase : « Tu verras plus tard que des démarches ont été faites pour vous deux », Robert De Wael a écrit : « Je crains de ne rien voir du tout ! »

Il est en effet profondément abattu lorsqu'il repart pour la prison de Cologne vers la fin du mois de septembre. Que s'est-il passé durant ces mois d'août et de septembre 1942 à Bruxelles pendant lesquels la Gestapo ne l'a pas lâché ? La justice militaire belge établira après la Libération que Robert De Wael « donna » à ce moment-là les noms de tous ses ex-homologues, commandants de compagnie dans la clandestinité. Accepta-t-il de collaborer dans l'espoir qu'après avoir obtenu de revoir Monique – première faveur de la Gestapo –, il obtiendrait la libération de Germaine, et peut-être la sienne ? Parla-t-il sous la torture ? Il se garde en tout cas de confier quoi que ce soit à ses proches de ses relations avec la Gestapo, et l'on cherche en vain, dans le courrier échangé au milieu de cet été 1942, l'explication de son retour à Bruxelles. Il est vrai que ni Ernest ni Gaston ne l'interrogent à cet égard, comme si l'un et l'autre avaient accepté depuis longtemps que les desseins de la police allemande leur soient impénétrables.

À compter de ce nouveau départ pour l'Allemagne, Ernest et Marthe De Wael ne vont plus recevoir aucune lettre de leur fils. Mais ils auront de ses nouvelles à cinq reprises, de loin en loin, par le biais d'intermédiaires.

Gaston Van De Stroden donne le détail de ces messages dans son rapport au parquet de Bruxelles :

– Une carte postale datée du 11 octobre 1942, expédiée de Cologne par un Allemand (non retrouvée).

– Une lettre du 5 octobre 1943, un an plus tard, datée de Hanovre, et transmise par un prisonnier évadé de nationalité hollandaise : « Cher monsieur, j'ai eu le plaisir de faire la connaissance de votre fils Robert et de ses amis de passage en cette ville. Robert, pressé par le temps, m'a chargé de vous écrire pour envoyer ses ardents baisers à sa Monique adorée, ses parents tant aimés, Gaston et marraine, ainsi que les parents de Germaine qui est actuellement à Deux-Ponts, au Palatinat. Il a beaucoup souffert de sa santé très atteinte, mais vous dit de prendre confiance et espoir malgré tout. Il charge son papa chéri d'aller porter le bonjour aux familles de ses amis. » Suit une liste de six noms et adresses, dont celui d'Henri Spruyt, ex-lieutenant Grenadier, déjà évoqué par Robert De Wael dans sa lettre du 1er octobre 1941, et qui se trouve donc alors dans le même convoi que lui.

– Une carte écrite par un citoyen serbe datée du 15 décembre 1943 (non retrouvée).

– Un billet du 22 janvier 1944, émanant d'un homme originaire de Lübeck (non retrouvé).

– Enfin, une lettre du 6 août 1944, écrite par un commerçant allemand, M. Dolling, à son client belge, M. Degrandgagnage. « Ce dernier, écrit Gaston Van De Stroden, voyant la tristesse de Mme De Wael, avait intercédé auprès de M. Dolling pour qu'il tâche de procurer des nouvelles. »

> « Monsieur Degrandgagnage, écrit M. Dolling, il y a déjà un certain temps, je vous avais promis de m'occuper de M. Robert De Wael. J'avais remis l'affaire à une connaissance de la police allemande

qui vient de me dire ce qui suit : M. De Wael est à la Arbeitsdienst[1]. Il est défendu aux travailleurs travaillant dans ce service de recevoir des nouvelles et d'écrire eux-mêmes. Ceci fait une partie de la punition. Comme consolation, ma connaissance me dit encore qu'ils sont bien traités et bien nourris, et que la famille ne devrait pas se faire du souci. C'est tout ce que j'ai pu apprendre. Veuillez donc communiquer ceci à Mme De Wael, et recevez, monsieur Degrandgagnage, l'expression de mes sentiments distingués. » (On découvrira bientôt qu'à la date où est écrite cette lettre, Robert De Wael est mort depuis déjà cinq mois.)

Ainsi Ernest et Marthe perdent-ils la trace de leur fils, dont ils sauront seulement, à la fin de la guerre, qu'il est passé par Hanovre au début du mois d'octobre 1943. Quant à Germaine, sa dernière « adresse » connue, à la Libération, sera celle donnée par Robert dans la lettre d'octobre 1943 : la prison de Deux-Ponts, dans le Palatinat.

Monique a six ans à la rentrée scolaire d'octobre 1943 et, plutôt que de reprendre sa scolarité à Anderlecht, elle rejoint sa première école de la rue Gallait, à Schaerbeek, de l'autre côté de Bruxelles. C'est Marthe qui l'a voulu, pour ne pas perturber la petite, et que ses parents retrouvent tout en place, « comme avant », le jour où ils reviendront et se réinstalleront rue Floris. Tant pis pour les transports, la grand-mère conduira sa petite-fille chaque matin et ira la rechercher chaque soir.

1. Service national du travail obligatoire.

Deux années se sont écoulées depuis l'arrestation de ses parents. Renouant avec la cour de récréation où elle comptait les feuilles mortes, Monique se rappelle-t-elle les baisers que lui adressait sa mère depuis leur maison, et ses encouragements à rejoindre la classe ? Elle lève les yeux vers la fenêtre vide, éprouve peut-être un instant de mélancolie, un vertige, elle ne sait plus précisément, et puis on l'appelle pour jouer, et elle oublie, elle pense à autre chose.

Chez ses grands-parents, jamais on n'évoque devant elle l'absence de ses parents, ni même leur souvenir, pour ne pas réveiller le manque, et les larmes. Lucette Ghesquière, l'amie d'Ostende, qui reverra les De Wael juste après la guerre, se rappelle qu'on se taisait aussitôt que la petite approchait, et qu'on changeait de conversation. Le silence et le temps ont donc fait leur travail, et les traits de Germaine et de Robert se sont lentement effacés de la mémoire de Monique.

Sans en avoir conscience, elle a remplacé la chevelure de sa mère, dans laquelle elle enfouissait son visage pour s'endormir, par des animaux en peluche dont elle se recouvre la nuit. Au retour de l'école, elle invite ces mêmes animaux – tigres, loups, serpents, éléphants – à la rejoindre dans la forêt, sous le lit, pour des jeux qui n'en finissent plus. Quand sa grand-mère la pousse à inviter une petite amie du quartier, cela se passe généralement très mal. Il y a toujours de la place pour accueillir un nouvel animal, parce que les animaux se plient volontiers aux règles édictées par Monique, tandis qu'une autre enfant, en donnant son avis, en la contrariant, empêche la petite communauté de s'envoler vers son rêve préféré.

C'est un peu toujours la même histoire, se rappelle la dame âgée qu'est devenue Monique De Wael : des humains menaçants, méchants, capables de capturer tel ou tel, et dont il faut se cacher.

« Laisse-la donc jouer toute seule puisqu'elle est heureuse comme ça », dit Ernest.

Et Marthe, au fil du temps, renonce à faire venir qui que ce soit.

De la disparition de ses parents, Monique a retenu une chose qui s'est gravée au fer rouge dans sa mémoire d'enfant : les hommes sont cruels, capables d'initiatives terrifiantes, quand les animaux incarnent la bonté, la sécurité. Ce sont vraisemblablement Ita et Rita, les deux chiens de Marthe, auprès desquels elle a trouvé chaleur et réconfort dans les mois qui ont suivi l'arrestation de ses parents, qui le lui ont appris. Rita a léché ses larmes, l'a consolée silencieusement, et a toujours bien voulu qu'elle s'endorme le nez dans son pelage.

Ensuite, il y a eu le poulailler, dans le petit jardin de la rue des Déportés. Monique avait vu des poules sur le marché, Marthe a pensé que quelques poussins la distrairaient de son chagrin, et finalement c'est devenu toute une basse-cour. Marthe et Ernest adoraient les animaux, ils s'amusaient, paraît-il, que les poules caquettent dans leur salon, et se fichaient bien qu'elles fassent leurs besoins sur le parquet, ou la table basse.

Entre les chiens, les poules et les peluches qu'on lui offre en abondance, Monique se construit petit à petit, en marge de la fureur du monde, un refuge douillet dont elle seule connaît les codes. Elle s'en va si loin dans ses histoires, installée dans la forêt profonde, sous son lit, qu'elle croit un jour s'évanouir en découvrant Marthe en train de l'épier. Comme si on la sortait brutalement d'un éden enchanteur. Comme si les soldats surgissaient de nouveau pour casser son bonheur si fragile. Ce jour-là, l'émotion passée, elle pique une colère d'une violence inhabituelle qui fera dire à Ernest que sa petite-fille a décidément du caractère.

C'est ce même caractère, cette même violence, qui la fait insulter un militaire allemand, un autre jour, dans un tramway. Marthe la prend dans ses bras pour l'aider à descendre, mais alors la dentelle de sa poupée s'accroche à la baïonnette du soldat et se déchire.

« Sale Boche ! » lui lance-t-elle à la figure.

L'homme ne bronche pas. Marthe ferme la bouche de sa petite-fille et s'éloigne en pressant le pas, les jambes flageolantes.

« Plus jamais tu ne dois insulter un Allemand, la gronde-t-elle, c'est très dangereux. Tu veux donc tous nous faire arrêter ? »

Si Monique voulait avoir la confirmation que le monde des hommes est impitoyable, c'est réussi.

Ernest a beau éclater de rire en apprenant l'histoire, et même féliciter sa petite-fille – « C'est bien, tu es courageuse » –, il ne lui en fait pas moins jurer de ne jamais recommencer.

8

Le 2 septembre 1944, les troupes alliées pénètrent en Belgique. Et dès le lendemain soir, un beau dimanche de fin d'été demeuré dans toutes les mémoires, elles entrent dans Bruxelles. Toute la population est descendue dans la rue pour acclamer les libérateurs, ces vaillants soldats anglais rejetés à la mer quatre ans plus tôt par les troupes du Reich, et qui sont enfin de retour.

Pour l'occasion, Monique De Wael a revêtu la petite robe écossaise que lui a cousue sa grand-mère. Marthe l'a juchée sur un bord de fenêtre pour qu'elle voie venir de loin les tommies perchés sur leurs chars d'assaut, leurs motos et leurs camions. Quand l'un des chars s'immobilise pour recevoir un bouquet de fleurs, un officier en descend et quelqu'un fait une photo de lui avec Monique dans les bras.

Elle sourit sur la photo. Elle se souvient qu'elle était joyeuse, mais le cœur serré cependant d'une tristesse, ou d'une préoccupation, qu'elle aurait bien voulu partager mais dont elle ne retrouvait pas le nom. Il aurait fallu que Marthe en parle la première, qu'elle dise par exemple : « Je sais qu'au milieu de toute cette joie tu penses à tes parents, ma chérie. Moi aussi, je pense à eux, et maintenant que la guerre est finie nous pouvons enfin espérer les voir revenir. » Mais Marthe se tait, elle n'a pas un mot pour Germaine et Robert « disparus » depuis trois ans, et comme il est tard, que la nuit tombe, Monique prétend qu'elle a sommeil et veut rentrer à la maison. Elle est pressée de se mettre au lit pour enfouir son visage dans les peluches et ne plus penser à rien.

Dès ce mois de septembre 1944, tandis que l'épuration s'engage de manière violente et désordonnée, des rumeurs accablantes circulent sur Robert et Germaine De Wael. On prétend que lui aurait été vu à plusieurs reprises, sous l'Occupation, circulant librement dans les rues de Bruxelles, ce qui sous-entend qu'il se serait mis au service des Allemands. Quant à Germaine, on l'aurait croisée habillée en infirmière allemande…

Ces bruits sont bientôt étayés, pour ce qui concerne Robert De Wael, par le dépôt d'une plainte devant la justice belge. La police judiciaire du parquet de Bruxelles ouvre alors une enquête, et c'est dans le cadre de ces investigations que Gaston Van De Stroden rédige son rapport du 31 octobre 1944. Il souhaite innocenter son filleul en livrant à la justice tout ce qu'il sait du drame qu'a vécu l'ex-Grenadier, depuis son arrestation pour faits de résistance jusqu'aux dernières nouvelles reçues de lui en provenance d'Allemagne, le 6 août 1944 (la lettre écrite par le commerçant allemand, M. Dolling). « De tout quoi il résulte, conclut-il, que De Wael n'a pu se trouver seul, en liberté, dans les rues de Bruxelles. »

La plainte sera bientôt confiée aux autorités militaires qui poursuivront discrètement les investigations, mais, en attendant, Robert et Germaine De Wael seront lavés de tout soupçon.

C'est bien le moins qu'attendait Gaston Van De Stroden, soucieux de ne pas ajouter l'infamie à l'angoisse des familles, Ernest et Marthe d'un côté, les Donvil de l'autre, qui espèrent désormais chaque jour le retour de leurs enfants.

Dès le 16 novembre 1944, des « demandes de recherche » sont officiellement déposées à la Croix-Rouge de Belgique. Ernest De Wael et Joséphine Donvil, qui ne se sont plus adressé la parole depuis trois ans, se retrouvent pour signer ensemble les formulaires.

Sur celui de Robert De Wael, quelqu'un a ajouté au crayon : « À s'en méfier. GFP ? » GFP, pour Geheime Feldpolizei, comme si la rumeur selon laquelle De Wael aurait « parlé » à la police allemande continuait malgré tout à faire son chemin.

Le Commissariat belge au rapatriement est également sollicité. Et sur les deux formulaires on reconnaît l'écriture et la signature d'Ernest De Wael. Le vieil homme et sa femme hantent manifestement les officines de recherche, car on ne compte plus le nombre de petits cartons mentionnant leur passage tantôt à la Croix-Rouge, tantôt au Commissariat au rapatriement.

Enfin arrive un premier résultat pour Robert. Cette remarque, écrite au crayon sur une fiche cartonnée non datée : « Il n'y a aucune trace dans les registres de décès, ni dans aucun hôpital de Hanovre et ses environs. »

On devine le réconfort passager qu'ont dû éprouver Ernest et Marthe en apprenant que leur fils ne figurait pas parmi les morts de la région de Hanovre. Il avait donc continué de vivre après son passage dans cette ville. Mais où ? Où se trouvait-il à l'heure actuelle, alors qu'à l'est comme à l'ouest les Alliés gagnaient chaque jour du terrain, réduisant l'Allemagne nazie à une peau de chagrin ?

Près d'une année s'écoule encore sans apporter la moindre nouvelle, ni de Robert ni de Germaine. Pourtant, l'Allemagne a capitulé et, depuis le mois d'avril 1945, le retour des prisonniers, accueillis en gare du Midi par la Croix-Rouge, s'est accéléré. En ce printemps 1945, Ernest De Wael et Joséphine Donvil viennent chaque jour consulter la liste des détenus rapatriés. Ernest a l'espoir de tomber au moins sur le nom d'un camarade de son fils qui l'aura croisé, ici ou là, et lui donnera la force de continuer à l'attendre. *Leur* donnera la force, devrais-je écrire, car si lui ne manque pas de courage en dépit de ses soixante-huit ans, le cœur de Marthe s'épuise à compter les jours. Elle prétend maintenant être trop prise par Monique, et la marche de la maison, pour accompagner son mari à la gare du Midi, mais c'est qu'elle a peur de flancher, de mourir de joie ou de désespoir en découvrant sur une liste le prénom tant aimé.

Personne ne saura jamais quelle fut l'émotion d'Ernest De Wael en reconnaissant enfin, un matin d'août 1945, le nom d'un Grenadier dont lui parlait parfois son fils : Jules-

Henri Jacques, officier de réserve, comme Robert, puis engagé comme lui dans la clandestinité. Demande-t-il immédiatement à voir cet homme, la poitrine en feu, balançant entre une peur animale qui lui fait presque perdre la raison, et l'espoir d'entendre que le cauchemar est fini, que son fils est vivant ?

C'est en tout cas par ce témoin, le chef de peloton Jacques, que le vieil homme apprend la mort de son fils. Jules-Henri Jacques était en captivité avec lui à la prison d'application des peines de travaux forcés de Sonnenburg-sur-Oder. Robert De Wael, révèle-t-il, a succombé là-bas à l'épuisement, vers la fin du mois de mars 1944. « En ma présence », écrit-il dans l'attestation de décès qui va désormais faire foi pour l'état civil.

Monique De Wael, qui a huit ans cet été 1945, n'a aucun souvenir de ce jour terrible où Marthe apprend par la bouche d'Ernest qu'elle ne reverra pas son fils. Elle ne voit pas ses grands-parents sangloter, elle n'entend rien, ne soupçonne rien. C'est qu'on a décidé de lui épargner ce chagrin, de la maintenir dans l'attente du retour de ce père dont elle a commencé à oublier le visage. De lui laisser croire, en somme, qu'il est toujours vivant, quelque part en Allemagne ou en Pologne.

Ses grands-parents ont l'espoir que Germaine va revenir, que la petite va au moins récupérer sa mère, et sans doute se disent-ils qu'il sera bien temps, alors, de lui annoncer la mort de son père.

Mais Germaine ne rentre pas et, en dépit de toutes les recherches entreprises, il faut attendre le 29 mars 1946 pour retrouver sa trace, perdue depuis son passage à la prison de Deux-Ponts, dans le Palatinat, trois ans plus tôt.

Ce 29 mars 1946, le colonel Yevsejev, *Chief of the Repatriation Department of the Soviet Military Administration of Germany*, fait savoir aux autorités belges qu'une de leurs ressortissantes, « *De Wal-Donville, birth in Brussels 1909* » séjourna au camp de Ravensbrück (« *was in camp Rawensbruck* »). Le colonel soviétique a découvert son nom dans les registres du camp (libéré par l'armée Rouge le 30 avril 1945) mais, en l'absence d'indices supplémentaires, il ne sait pas si elle a quitté Ravensbrück vivante, ou y est morte.

Les recherches se poursuivent donc, jusqu'au 23 mai 1946 où le Commissariat belge au rapatriement tombe enfin sur un témoin qui assure avoir croisé Germaine De Wael. Le docteur Elsa Claes certifie l'avoir connue de janvier 1942 jusqu'au début de janvier 1945. « À cette époque, écrit-elle, Mme Germaine Donvil était en même temps que moi au camp de Ravensbrück, elle y a contracté une pleurésie, compliquée de troubles cardiaques. Transportée au bloc des malades, elle y fut en traitement pendant une quinzaine de jours. Son état s'étant aggravé, elle fut choisie pour la chambre à gaz et emmenée vers la fin du mois de février. Étant moi-même au *revier*[1] des infectieux avec la fièvre typhoïde, précise Elsa Claes, je n'ai pas assisté au départ de Mme De Wael qui m'a été signalé parmi les malheureuses désignées pour le convoi. »

Le 4 juillet 1946, Gilberte Delmée, autre rescapée de Ravensbrück, confirme avoir vu Germaine De Wael « dans un état épouvantable » avant son départ pour le *revier* du camp de Ravensbrück. Elle aurait occupé là-bas, dit-elle, « le block 7, côté B ». « Déclarée *dead* au *revier* »,

1. Abréviation de *Krankenrevier*, « dispensaire » en allemand.

conclut le fonctionnaire qui recueille la déposition de Gilberte Delmée, dans un curieux mélange des langues, et sans qu'on sache si cette mort au *revier* est une supposition personnelle du fonctionnaire, ou une certitude.

Cependant, le 19 octobre 1946, un troisième témoin, Augusta Violon, rentrée de Ravensbrück, vient appuyer ce que disait Elsa Claes : Germaine De Wael aurait bien été gazée.

« Elle faisait partie, écrit Augusta Violon dans une attestation manuscrite, du même convoi que moi-même à l'arrivée à Ravensbrück, et portait le numéro matricule 97.902. À la fin de février 1945, elle était mourante et était hospitalisée dans une des infirmeries du camp.

« Je suis moi-même partie en transport au camp de Mauthausen (Autriche) le 2 mars 1945 d'où j'ai été rapatriée, via la Suisse, le 1er mai 1945.

« Peu après mon retour, j'ai appris par des compagnes rentrées de Ravensbrück que Mme Germaine De Wael avait été gazée le 4 mars 1945, en même temps que la comtesse Jeanne d'Ursel.

« Mme Germaine De Wael figure sur la liste de transport à la chambre à gaz qui a été transmise par l'Amicale des ex-prisonnières de Ravensbrück, 10, rue Leroux, à Paris, aux services de la documentation du Commissariat belge au rapatriement, 1, rue de la Bonté, à Bruxelles. »

Monique De Wael n'est pas plus informée de la mort de sa mère qu'elle ne l'a été de celle de son père. « On ne parlait jamais de mes parents, dit-elle aujourd'hui, et si par hasard je demandais où ils étaient parce que je tombais sur une photo de mon père dans les affaires de ma grand-mère, on me répondait que je ne devais pas m'inquiéter, qu'ils étaient à l'est, qu'ils reviendraient un jour. »

Désormais seuls responsables de leur petite-fille (les Donvil s'effacent alors complètement de la vie de Monique), Marthe et Ernest De Wael n'ont qu'une ligne de conduite : épargner l'enfant, lui cacher une vérité qu'ils ont eux-mêmes bien du mal à supporter, pour lui permettre de grandir dans une relative insouciance.

Ce soin qu'ils mettent à protéger Monique les pousse à l'envoyer dormir chez des amis quand il leur faut déménager de la rue des Déportés à la rue du Docteur-Jacobs, toujours à Anderlecht. À aucun prix il ne faut que ce changement d'adresse soit un traumatisme pour la petite, et Monique retrouvera donc sa chambre réaménagée à l'identique, avec toutes ses peluches disposées sur le lit comme elle les y avait laissées trois jours plus tôt.

« C'est la fille de mon fils », dit Marthe, qui l'emmène partout avec elle, habillée comme une petite princesse car elle est excellente couturière. Monique se souvient de cette phrase, éternellement répétée, comme un mot de passe convenu entre sa grand-mère et les commerçants chez qui elles entrent. « C'est la fille de mon fils. » Puis du regard apitoyé de la dame ou du couple, derrière le comptoir, et de la longue messe basse qui s'engage aussitôt avec Marthe. Parfois, cette dernière en vient à montrer la petite photo d'identité de Robert De Wael qui ne quitte jamais son étui à lunettes, et Monique, qui attend en retrait que sa grand-mère ait fini de bavarder, voit les commerçants la scruter par en dessous, étonnés sûrement de la ressemblance entre le père disparu et l'enfant.

Pourquoi la vieille dame fréquente-t-elle plus assidûment les commerçants juifs du boulevard Anspach, ou de la rue Bara, que les catholiques du centre d'Anderlecht ? Monique De Wael a attendu des années avant de s'en étonner, se souvenant combien les fourreurs et maroquiniers juifs étaient gentils avec elle, lui offrant souvent un petit cadeau, et une fois même un manteau de fourrure et une chapka en astrakan. Oui, pourquoi les Juifs plutôt que les autres ? « Je crois que ma grand-mère voulait attirer la compassion, dit-elle aujourd'hui, et qu'elle trouvait auprès des Juifs, qui avaient perdu tant des leurs dans les camps nazis, une écoute et une compréhension que ne pouvaient pas lui donner les catholiques. »

C'est en tout cas durant cet hiver 1946-1947 que se nouent les premiers liens entre les De Wael et la communauté juive, par le partage du chagrin, comme si les premiers avaient découvert en l'inconsolable deuil des Juifs le lieu où s'épancher, où pleurer en compagnie d'autres orphelins.

Il est d'autres lieux pour cela, ce sont les cérémonies aux morts, les inaugurations de monuments commémoratifs, qui se multiplient dans les mois de l'immédiat après-guerre. Marthe De Wael n'en rate aucune, recevant sûrement ces pompes et ces éloges aux héros sacrifiés pour la patrie comme autant d'hommages secrets à son fils. Pour l'occasion, elle habille Monique aux couleurs de la Belgique : une petite blouse d'organdi avec des manches ballon jaunes, un gilet noir et une jupe rouge. On fait asseoir dans les premiers rangs la grand-mère et sa petite-fille, mais Monique est encore trop jeune pour se demander ce qui lui vaut cet honneur. De même qu'elle ne se demande pas pourquoi, dans sa nouvelle école, à Anderlecht, elle est toujours celle que choisit la directrice pour déposer la gerbe de fleurs après le discours du bourgmestre.

À la faveur de l'été, on l'a retirée de l'école de la rue Gallait, à Schaerbeek, pour l'inscrire rue de la Procession, à deux cents mètres de chez ses grands-parents. Elle ne le sait pas, on ne lui a rien dit, mais jamais plus on ne la ramènera à Schaerbeek. La commune est devenue un lieu de mémoire insupportablement douloureux pour Ernest et Marthe, entre la maison de la rue Floris avec son joli balcon où tant de fois Robert et Germaine les ont guettés, la rue des Palais où fut arrêté Robert, et la maison communale, ce triangle où le jeune couple vécut heureux et confiant, jusqu'à ce jour funeste du 23 septembre 1941... Marthe et Ernest ont-ils eu malgré tout la force d'y retourner pour assister à l'inauguration de la plaque dédiée aux agents communaux morts pour la patrie ? Elle porte à la dernière ligne le nom de leur fils. Oui, sans doute y sont-ils allés, mais sans Monique, qui n'a jamais vu, elle, cet hommage à son père gravé dans la pierre.

Très vite après la Libération, la santé de Marthe De Wael se met à décliner. Elle a toujours été grande et forte, inépuisable quand il s'agissait des siens, mais en disparaissant Robert a emporté une partie de son cœur, et elle a beau essayer de cacher sa douleur, pour Monique, pour cet enfant qu'elle appelle de plus en plus souvent Robert, elle ne marche plus que sur une jambe. Ce sont les poumons qui se prennent finalement, et il faut bientôt l'hospitaliser.

Monique a dix ans en cette année 1947. Elle ne semble pas mesurer l'importance du nouveau drame qui se prépare, comme si la vie l'avait anesthésiée et qu'une partie d'elle-même demeurait désormais bien à l'abri des coups, dans la forêt profonde peuplée d'animaux en peluche. Elle se rappelle avoir vu Marthe cracher du sang sur son lit d'hôpital, mais elle n'a pas le souvenir d'en avoir été bouleversée. Elle se rappelle ce matin où Ernest est venu la chercher à l'école. Elle l'a vu parler tout bas avec sa maîtresse, et puis celle-ci lui a fait signe de se lever et d'approcher, avec le même regard apitoyé que les commerçants juifs de la rue Bara, et elle est partie pour l'hôpital, marchant à côté d'un Ernest mutique.

Marthe était peut-être déjà morte quand ils y sont arrivés. Monique a effacé de sa mémoire les dernières images de sa grand-mère. Ce dont elle se souvient, c'est la phrase de son grand-père, tant de fois entendue : « Elle est morte de chagrin. » Mais de quel chagrin ? Elle ne l'a jamais demandé, le sachant confusément, bien sûr, tout en étant incapable de se le figurer.

De l'enterrement de sa grand-mère, elle ne se rappelle rien non plus, ni la date, ni la cérémonie, ni sa propre peine. Seulement que la dame de compagnie du vieux monsieur qui habitait au-dessus de chez eux était spécialement descendue pour lui faire des tresses.

Quelques mois plus tard, Monique fait sa première communion. Ernest ne croit pas plus en Dieu qu'avant, en dépit des épreuves, mais cette communion, c'est le dernier vœu de Marthe avant de mourir, et le vieil homme tient à l'accomplir. Touchée par la foi de son fils, retrouvée en prison – « Chère maman, tu ne seras pas étonnée que dans la souffrance morale j'aie retrouvé la foi. [...] Ici, tous prient. Et je t'assure que cela console » –, Marthe avait souhaité que sa petite-fille respecte les rites de la religion catholique.

Sinistre souvenir pour Monique que cette cérémonie où elle se retrouve seule, quand tous les autres enfants apparaissent entourés d'une large famille avenante et endimanchée. Ernest, trop abattu, n'est pas venu. Monique porte l'aube blanche qu'avait commencé à coudre Marthe, qui n'est ni finie ni ajustée, et elle a le sentiment d'être le vilain petit canard que tout le monde observe avec dérision, ou compassion. En plus, elle n'a trouvé personne pour la coiffer.

Au retour de l'église, elle saccage son voile à coups de ciseaux, retire son aube qu'elle jette à la poubelle, et se glisse sous son lit pour retrouver dans la forêt ses fidèles compagnons.

Pourquoi Monique est-elle soudain si seule ? Où sont donc passés Laure et Gaston Van De Stroden, si présents durant la guerre ? Où sont passés les oncles et tantes De Wael, et tous les cousins germains ? L'oncle Georges, qui partageait avec Robert les plaisirs de la bicyclette, sa femme, Eva, et leurs deux filles, Poupoule et Poulette ? L'oncle Émile, le frère aîné d'Ernest, et leurs quatre sœurs, Malvina, Emma, Berthe et Alice ? Il y a là un mystère dont Monique n'a pas la clé. Les Van De Stroden – « parrain et marraine » – disparaissent de sa vie dès la Libération. Une allusion retrouvée dans une lettre semblerait attester qu'ils se seraient disputés avec Marthe. À quel propos ? Tous ont emporté ce secret dans leur tombe aujourd'hui.

Robert De Wael et Germaine Donvil, les parents de Monique-Misha, se rencontrent pour la première fois le jeudi de l'Ascension 29 mai 1930 à un meeting aérien à Bruxelles. Germaine est aussitôt séduite par la détermination et la force de caractère qui transparaissent dans les discours enflammés du jeune homme. Cinq mois plus tard, les deux jeunes gens, âgés l'un et l'autre de vingt et un ans, se fiancent et Robert offre à Germaine cette première photo dédicacée de sa main.

Germaine Donvil (*au premier plan à gauche*) fille unique d'un couple de sévères bourgeois catholiques se passionne dès ses dix-huit ans pour le dessin de mode dans lequel elle excelle. Durant les années qui précèdent la guerre, elle réalise plusieurs modèles.

Robert De Wael (*ici à droite, à l'adolescence, sur la plage d'Ostende*) est un garçon gâté durant toute son enfance. Enfant unique d'un couple inséparable, Marthe (*ici à sa droite*) et Ernest De Wael, il rêve très tôt d'un destin lié à celui de la Belgique dont il a le culte. Dès sa majorité, il entrera dans l'armée comme jeune aspirant de réserve.

Germaine joue de ses toilettes avec élégance et espièglerie. Elle n'est pas de ces jeunes filles dont on loue la beauté a priori, et cependant, on demeure sous le charme de son sourire. Il l'illumine, donnant immédiatement à voir son appétit pour la vie, son désir d'en jouir, et en même temps de s'en moquer, de rire d'elle-même et des autres.

À l'été 1931, Germaine et Robert De Wael ne sont pas encore mariés et cependant ils passent leurs vacances ensemble à Ostende, en tout bien tout honneur, où les parents de Robert louent depuis des années le même appartement à l'étage d'une grande villa proche de la plage. Épaule contre épaule, ils se tiennent par la main. Elle porte un de ses délicieux chapeaux cousus de sa main, et lui a un petit air de Gabin dans *Quai des brumes*.

Le 4 mai 1932, les cloches de la commune de Saint-Gilles célèbrent à tout-va l'union de Germaine Donvil et de Robert De Wael, tous deux âgés de vingt-trois ans. « Je suis seule dans notre petit nid et j'attends mon chéri d'une minute à l'autre, écrira Germaine quelques jours plus tard dans son journal. Oui, j'ai un cœur. On est parfois fou dans la vie ! »

Première lettre expédiée par Robert De Wael à son père depuis la prison de Saint-Gilles le 6 octobre 1941.

Mes chers et braves papa et maman -
Merci de votre lettre. Ce 6 octobre.
Germaine est elle déjà rentrée à la maison?
Si non j'espère que cela ne tardera plus. Notre
petite chérie a tant besoin de sa maman -
Quant Germaine rentrera qu'elle aille chaque
mois, au début, toucher mon traitement à la
Caisse. Faites le à sa place pour la 1re fois.
Prenez la petite chez vous et
allez tous les deux ou trois
jours à la maison rue Floris -
Réunissez vous là parfois le dimanche avec
les parents de Germaine, parrain et marraine, pour
que Monique retrouve l'atmosphère du foyer -
Si nécessaire, que mère emploie quelques unes
de nos provisions, jusqu'au retour de Germaine.
Soignez Monique sans la gâter, n'est ce pas? -
Mon vélo est resté au district
Arrière mon bureau - ainsi que ma mallette

que père le ramène à
maison aussi, avec la
Parlez à Monique de son
pour que ma petite chérie
pas. Faites votre possible
aille encore à l'école parfois
n'en perde pas l'habitude -
tant de bien.
Les cartes de ravitaillement
dans le tiroir de
la garde-robes, d
Il y a de l'ar
portef. feuille en
à Germaine, et qu
dans le tiroir de gauche du
lavabo. C'est l'ultime réserve.
Avec la carte de ravitaillement de
Monique allez à la commune de
Schaerbeek pour obtenir les

Germaine et Robert De Wael viennent d'être arrêtés le même jour, 23 septembre 1941, abandonnant Monique, leur fille unique, alors âgée de quatre ans, aux parents de Robert. Celui-ci, depuis sa prison, se soucie immédiatement du sort de sa jeune femme : « Germaine est-elle déjà rentrée à la maison ? Sinon, j'espère que cela ne tardera plus. Notre petite chérie a tant besoin de sa maman. » *(L'intégralité de la lettre ci-dessus est publiée dans le livre en pages 61 à 63.)*

Réponse d'Ernest De Wael à son fils Robert, le 20 octobre 1941.

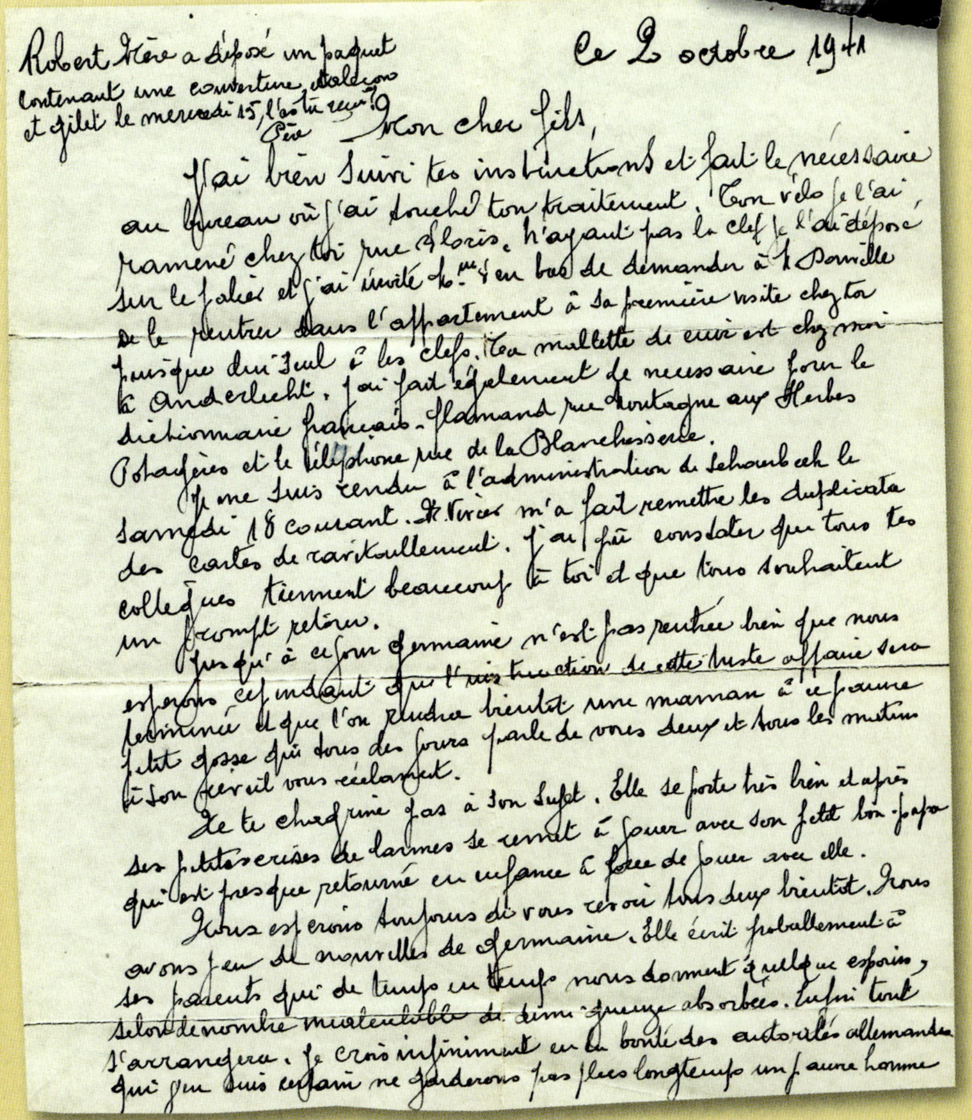

Robert Tière a déposé un paquet contenant une couverture, caleçons et gilet le mercredi 15, l'as-tu reçu ?

Ce 2 octobre 1941

Mon cher fils,

J'ai bien suivi tes instructions et fait le nécessaire au bureau où j'ai touché ton traitement. Ton vélo je l'ai ramené chez toi rue Floris, n'ayant pas la clef je l'ai déposé sur le palier et j'ai invité Mme [illegible] en bas de demander à M. Bonville de le rentrer dans l'appartement à sa première visite chez toi puisque lui seul a les clefs. Ta mallette de cuir est chez moi à Anderlecht. J'ai fait également le nécessaire pour le dictionnaire français-flamand rue Montagne aux Herbes Potagères et le téléphone rue de la Blanchisserie.

Je me suis rendu à l'administration de Schaerbeek le samedi 18 courant. M. Vivier m'a fait remettre les duplicata des cartes de ravitaillement. J'ai pu constater que tous tes collègues tiennent beaucoup à toi et que tous souhaitent un prompt retour.

Jusqu'à ce jour Germaine n'est pas rentrée bien que nous espérions cependant que l'instruction de cette triste affaire sera terminée et que l'on rendra bientôt une maman à ce pauvre petit gosse qui tous les jours parle de vous deux et tous les matins à son réveil vous réclame.

Ne te chagrine pas à son sujet. Elle se porte très bien et après ses petites crises de larmes se remet à jouer avec son petit bon-papa qui est presque retourné en enfance à force de jouer avec elle.

Nous espérons toujours de vous revoir tous deux bientôt. Nous avons peu de nouvelles de Germaine. Elle écrit probablement à ses parents qui de temps en temps nous donnent quelque espoir, selon le nombre incalculable de demi-gueuze absorbées. Enfin tout s'arrangera. Je crois infiniment en la bonté des autorités allemandes qui j'en suis certain ne garderons pas plus longtemps un pauvre homme

« Nous espérons toujours de vous revoir tous deux bientôt. [...] Je crois infiniment en la bonté des autorités allemandes qui, j'en suis certain, ne garderont pas plus longtemps un pauvre homme accusé de je ne sais quel méfait. Monique dit que nous sommes trois malheureux parce qu'un jour elle a vu nos larmes et, depuis, le répète souvent mais se calme tout de même en songeant à ses jeux. [...] J'oubliais une chose primordiale : Monique fait du vélo comme une grande. Tu seras étonné de voir comme elle roule bien et évite les passants par de petites courbes gracieuses. »

Monique De Wael vient au monde le 12 mai 1937 à Bruxelles. « yeux gris-bleu, une fossette au menton comme sa maman », écrit son père, Robert, à la première page de l'Album de bébé. La petite est baptisée une semaine plus tard en l'église Sainte-Gertrude. Sa marraine est Joséphine Donvil, sa pieuse grand-mère maternelle, son parrain Ernest De Wael, grand-père paternel. Toute la famille se retrouve à Ostende, en août 1938 puis août 1939, autour de Monique. Pendant que Germaine, la jeune maman, aidée d'une petite voisine, fait des châteaux de sable pour Monique, Robert et son père évoquent gravement les risques de la guerre à venir qu'ils pressentent.

Au printemps 1938, alors que Monique va fêter ses douze mois, sa grand-mère paternelle, Marthe De Wael, pose fièrement avec son « bébé chéri » dans le petit jardin derrière la maison. Marthe porte merveilleusement la soixantaine et on la devine comblée par ce cadeau de la vie.

« Ostende, 15 août 1939. Monique et sa maman pendant les derniers jours de paix », a écrit le grand-père, Ernest De Wael, au dos de la photo. Deux années plus tard, presque jour pour jour, la jeune maman, Germaine De Wael, que l'on voit ici radieuse, sera arrêtée par la Geheime Feldpolizei (GFP) en même temps que son mari et Monique ne reverra jamais ses parents. La petite fille, gâtée par les siens, vit les derniers mois d'un bonheur qu'elle tentera toute sa vie de retrouver.

Lettre de Germaine De Wael à ses parents, écrite depuis la prison de Saint-Gilles le 12 décembre 1941 (expédiée par les autorités allemandes le 13 janvier 1942).

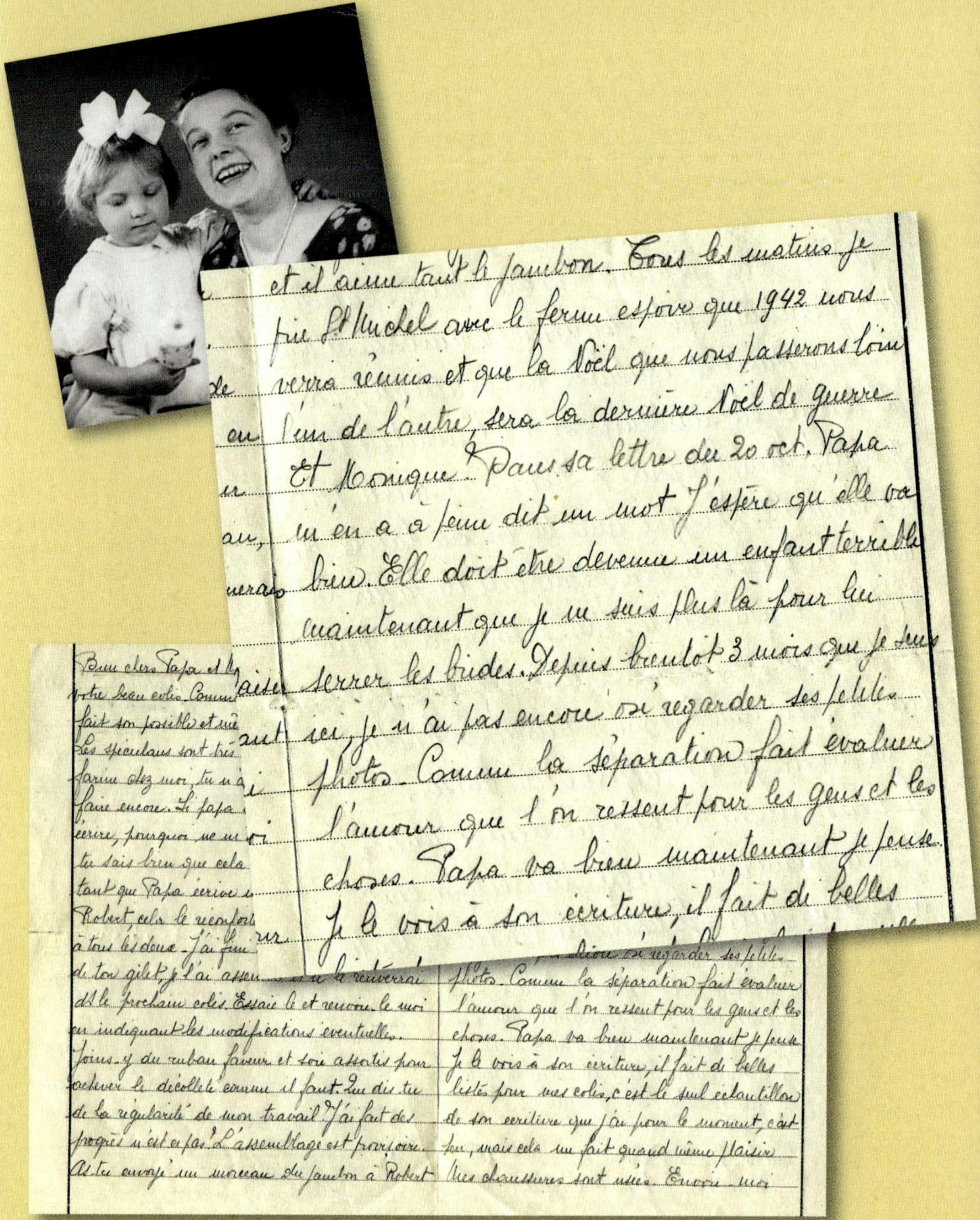

et il aime tant le jambon. Tous les matins je
prie St Michel avec le ferme espoir que 1942 nous
verra réunis et que la Noël que nous passerons loin
l'un de l'autre, sera la dernière Noël de guerre
Et Monique? Dans sa lettre du 20 oct. Papa
m'en a à peine dit un mot J'espère qu'elle va
bien. Elle doit être devenue un enfant terrible
maintenant que je ne suis plus là pour lui
serrer les brides. Depuis bientôt 3 mois que je suis
ici je n'ai pas encore osé regarder ses petites
photos. Comme la séparation fait évaluer
l'amour que l'on ressent pour les gens et les
choses. Papa va bien maintenant je pense
je le vois à son écriture, il fait de belles
listes pour mes colis, c'est le seul échantillon
de son écriture que j'ai pour le moment, c'est
peu, mais cela me fait quand même plaisir
Mes chaussures sont usées. Envoie moi

« Tous les matins, je prie St Michel avec le ferme espoir que 1942 nous verra réunis et que la Noël que nous passerons loin l'un de l'autre, sera la dernière Noël de guerre. Et Monique ? Dans sa lettre du 20 octobre, papa m'en a à peine dit un mot. J'espère qu'elle va bien. Elle doit être devenue un enfant terrible maintenant que je ne suis plus là pour lui serrer les brides. Depuis bientôt 3 mois que je suis ici, je n'ai pas encore osé regarder ses petites photos. Comme la séparation fait évaluer l'amour que l'on ressent pour les gens et les choses. [...] Embrassez Monique pour moi. Je crois que lorsque j'aurai le bonheur de la revoir, je l'étoufferai de baisers. » *(L'intégralité de la lettre ci-dessus est publiée dans le livre en pages 92 à 93.)*

Lettre de Robert De Wael à ses parents, écrite depuis la prison de Saint-Gilles le 22 octobre 1941.

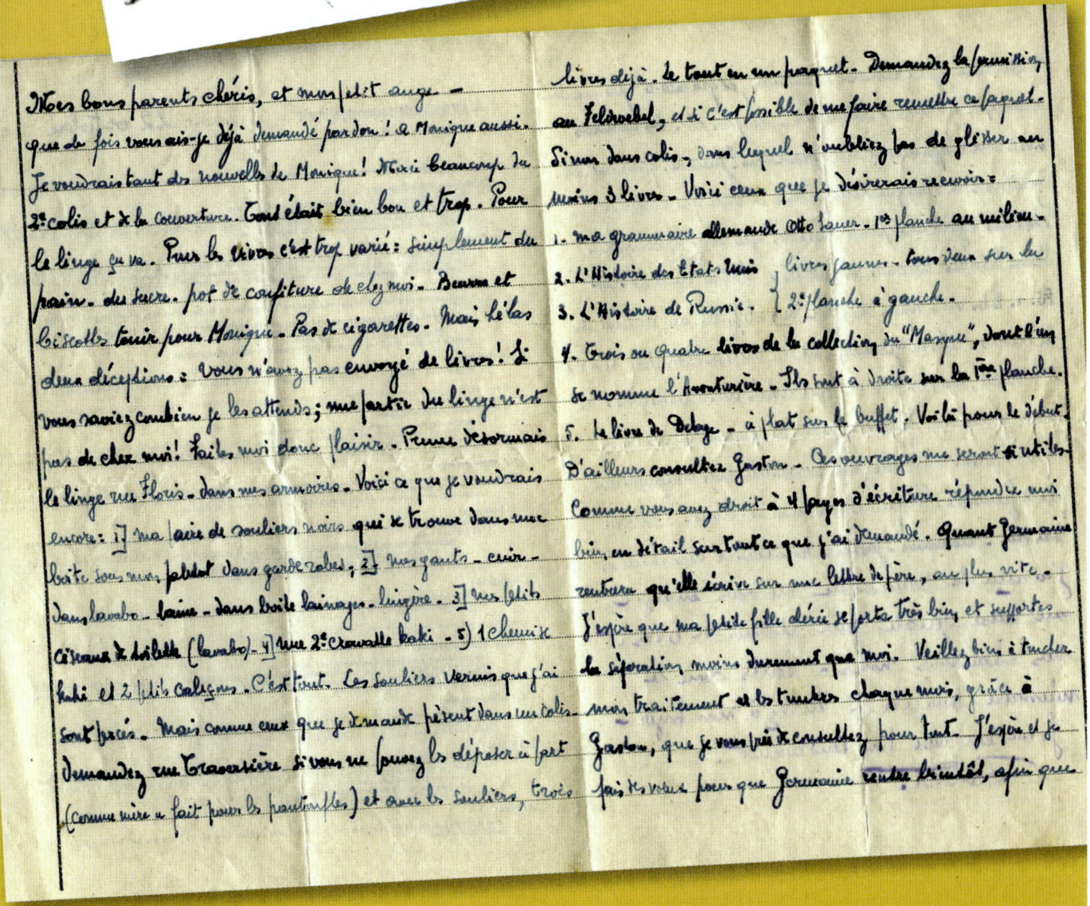

Mes bons parents chéris, et mon petit ange. –
que de fois vous ai-je déjà demandé pardon ! à Monique aussi.
Je voudrais tant des nouvelles de Monique ! Merci beaucoup du
2e colis et de la couverture. Tout était bien bon et trop. Pour
le linge ça va. Pour les vivres c'est trop varié : simplement du
pain. – du sucre. pot de confiture de chez moi. – Beurre et
biscottes [illegible] pour Monique. – Pas de cigarettes. – Mais hélas
deux déceptions : vous n'avez pas envoyé de livres ! Si
vous saviez combien je les attends ; une partie du linge n'est
pas de chez moi ! Faites-moi donc plaisir. – Prenez désormais
le linge rue Floris. – dans mes armoires. – Voici ce que je voudrais
encore : 1] ma paire de souliers noirs qui se trouve dans une
boîte sous mon pupitre dans garde-robes ; 2] mes gants – cuir –
dans lavabo – laine – dans boîte lainages – lingère. – 3] mes petits
ciseaux de toilette (lavabo) – 4] une 2e cravate kaki – 5) 1 chemise
kaki et 2 petits caleçons. – C'est tout. Les souliers vernis que j'ai
sont précis. – Mais comme ceux que je demande pèsent dans un colis –
demandez rue Traversière si vous ne pouvez les déposer à part
(comme mère a fait pour les pantoufles) et avec les souliers, trois

livres déjà. Le tout en un paquet. – Demandez la permission
au Feldwebel, et si c'est possible de me faire remettre ce paquet.
Si non dans colis, dans lequel n'oubliez pas de glisser au
moins 3 livres. – Voici ceux que je désirerais recevoir :
1. ma grammaire allemande Otto Sauer. – 1re planche au milieu. –
2. L'Histoire des États-Unis } livres jaunes – tous deux sur la
3. L'Histoire de Russie. } 2e planche à gauche.
4. Trois ou quatre livres de la collection du "Masque", dont l'un
se nomme l'Aventurière. – Ils sont à droite sur la 1re planche.
5. Le livre de Deloge – à plat sur le buffet. Voilà pour le début.
D'ailleurs consultez Gaston. – Ces ouvrages me seront si utiles.
Comme vous avez droit à 4 pages d'écriture répondez-moi
bien en détail surtout ce que j'ai demandé. Quant Germaine
rentrera qu'elle écrive sur une lettre de père, au plus vite. –
J'espère que ma petite fille chérie se porte très bien et supporte
la séparation moins durement que moi. Veillez bien à toucher
mon traitement et les timbres chaque mois, grâce à
Gaston, que je vous prie de consulter pour tout. J'espère et je
fais des vœux pour que Germaine rentre bientôt, afin que

« Mes bons parents chéris et mon petit ange, que de fois vous ai-je déjà demandé pardon ! À Monique aussi. Je voudrais tant des nouvelles de Monique ! [...] J'espère que ma petite fille chérie se porte très bien et supporte la séparation, moins durement que moi. [...] J'espère et je fais des vœux pour que Germaine rentre bientôt afin que notre chère fifille retrouve sa maman et que celle-ci reprenne la direction de la maison à Schaerbeek. »

Lieutenant R. De Wael.

Historique.

Jour.	Heure.	Texte : Événement. Renseignements. Ordres reçus ou donnés ; communications diverses ; effectifs ; ordre de bataille. pertes. moral. Renseignements météorologiques
25 août 1939.	14 H.	1er jour de l'état de mobilisation. Phase A décrétée. Heure H = 14H. Rappel 4 classes.
26 août.		2e jour. Opérations de réquisition : camions, autos, motos, chevaux, vélos. Vélos : 310. réquisitionnés de 9 à 18H. Place Fernand Cocq à Ixelles.
27 août. (dimanche)		Organisation de la Cie État-major du 1er Grenadiers mobilisé.

Officiers :
1. Colonel BEM Vanspraugh, chef de corps
2. Lt. Kreije, adjudant-major.
3. Lt Haas, porte-drapeau.
4. Comt Mechelynck, Ct la Cie EMR.
5. Lt Van Lishout, officier mécanicien.
6. Mlt Lamine. " adjoint.
7. Lt De Wael, officier de renseignement.
8. Lt Monchart, " de matériel.
9. Mlt Pilsi, " traducteur.
10. Capitaine Cailliau, officier T.S.
11. Lt Moreau, médecin chef de service.
12. Lt Marchandise, Ct le Pon SS de la Cie EMR

Le 25 août 1939, le lieutenant de réserve Robert De Wael est appelé sous les drapeaux. Il ouvre ce jour-là un « carnet de campagne » qu'il va tenir jusqu'à la défaite de mai 1940. Tandis que Germaine note scrupuleusement tout ce qui concerne la croissance et l'éveil de leur fille Monique, Robert énumère avec le même scrupule la teneur de chacune de ses missions sur le front. « Militaire-né » comme il l'écrit de lui-même, on le sent à travers ce souci du détail, mû par le vertige d'entrer dans l'Histoire. Dès la première page de son carnet, il dresse la liste de tous ses collègues officiers dont la plupart seront arrêtés par sa faute et disparaîtront dans les prisons et les camps de l'Allemagne nazie. À la dernière page de son carnet datée de mai 1940, on le sent complètement perdu. « Pourvu qu'on dorme avant l'attaque, écrit-il. Tout est là. Avec des nouvelles de Bruxelles. On "flotte" dans un monde terrible et nouveau. 14 mai. Écrit à 1 heure du matin. »

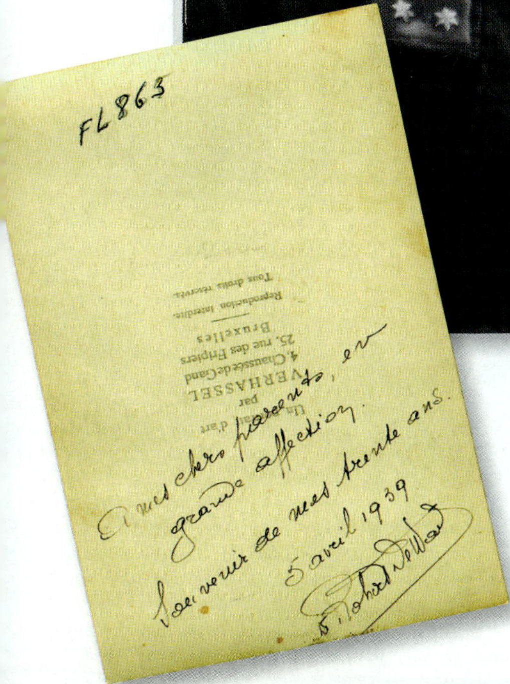

Le 5 avril 1939, soit cinq mois avant sa mobilisation, Robert De Wael offre à ses parents ce portrait de lui, signé de sa main, en officier de réserve, membre du 1er Régiment de Grenadiers. Au sein de l'armée belge, les Grenadiers constituent le corps le plus prestigieux. Le lieutenant De Wael aime le commandement et, même dans le civil, il a l'élégance et le maintien strict des militaires. Le premier jour de la mobilisation il parvient à se faire nommer officier de renseignement. Il fait immédiatement part à sa jeune épouse de sa fierté d'être désormais membre de l'état-major de son régiment à l'un des postes les plus sensibles.

« Je vis un curieux état d'esprit. Aimant les miens – Germaine, notre chère petite Monique et les parents - j'éprouve une peine intérieurement. Et cependant, avec mon tempérament militaire né, j'envisage sans peur toutes les éventualités. Ce n'est pas parce que je ferai mon devoir sans trembler que je n'adore pas les êtres qui me sont chers. » Lieutenant Robert De Wael.

Lettre de Robert De Wael à son parrain Gaston Van De Stroden expédiée le 15 octobre 1941 de la prison de Saint-Gilles.

(écrite au verso d'un paquet de cigarettes.)

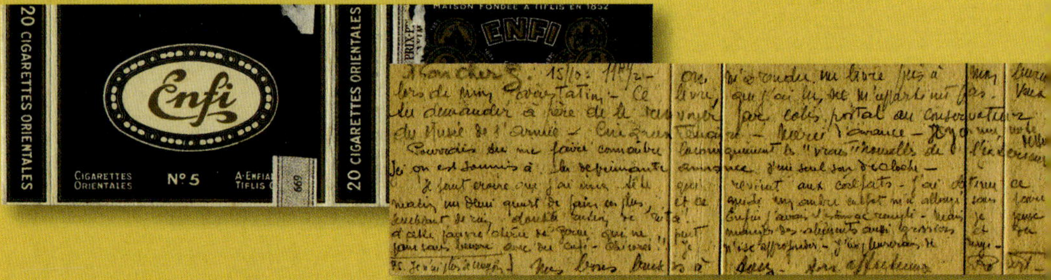

Dernières phrases : « Je pense à cette pauvre chérie de Germaine qui ne peut manger des aliments aussi grossiers. […] Je n'ose approfondir, j'en pleurerai de rage. Mes bons baisers à tous. Ton affectueux Robert. P.S : Je n'ai plus de crayon. »

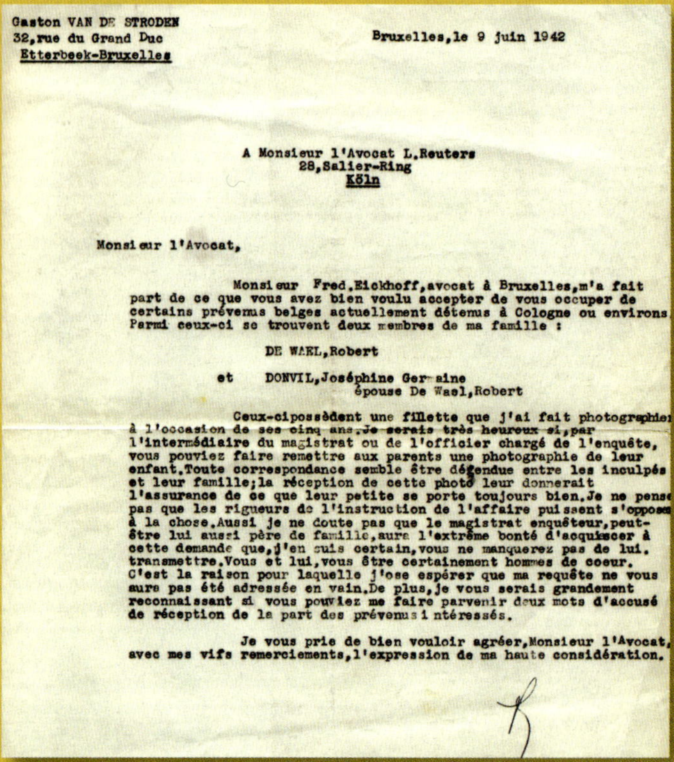

Gaston VAN DE STRODEN
32,rue du Grand Duc
Etterbeek-Bruxelles

Bruxelles,le 9 juin 1942

A Monsieur l'Avocat L.Reuters
28,Salier-Ring
Köln

Monsieur l'Avocat,

Monsieur Fred.Eickhoff,avocat à Bruxelles,m'a fait part de ce que vous avez bien voulu accepter de vous occuper de certains prévenus belges actuellement détenus à Cologne ou environs. Parmi ceux-ci se trouvent deux membres de ma famille :

DE WAEL,Robert

et DONVIL,Joséphine Germaine
épouse De Wael,Robert

Ceux-cipossèdent une fillette que j'ai fait photographier à l'occasion de ses cinq ans.Je serais très heureux si,par l'intermédiaire du magistrat ou de l'officier chargé de l'enquête, vous pouviez faire remettre aux parents une photographie de leur enfant.Toute correspondance semble être défendue entre les inculpés et leur famille;la réception de cette photo leur donnerait l'assurance de ce que leur petite se porte toujours bien.Je ne pense pas que les rigueurs de l'instruction de l'affaire puissent s'opposer à la chose.Aussi je ne doute pas que le magistrat enquêteur,peut-être lui aussi père de famille,aura l'extrême bonté d'acquiescer à cette demande que,j'en suis certain,vous ne manquerez pas de lui. transmettre.Vous et lui,vous être certainement hommes de coeur. C'est la raison pour laquelle j'ose espérer que ma requête ne vous aura pas été adressée en vain.De plus,je vous serais grandement reconnaissant si vous pouviez me faire parvenir deux mots d'accusé de réception de la part des prévenus intéressés.

Je vous prie de bien vouloir agréer,Monsieur l'Avocat, avec mes vifs remerciements,l'expression de ma haute considération.

Tandis que Robert et Germaine De Wael ont été déportés en Allemagne où ils sont alors détenus à Cologne, Gaston Van De Stroden, le parrain de Robert, écrit à leur avocat allemand, maître Reuters, le 9 juin 1942, pour tenter de leur faire parvenir une photo de Monique prise le jour de ses cinq ans. Il croit encore en l'humanité des acteurs de l'Allemagne nazie. « Je ne doute pas, écrit-il, que le magistrat enquêteur, peut-être lui aussi père de famille, aura l'extrême bonté d'acquiescer à cette demande. […] Vous et lui êtes certainement hommes de cœur. »

Depuis l'arrestation de son père et de sa mère, Monique vit chez ses grands-parents De Wael, Marthe et Ernest (*en haut avec Marthe et ci-dessous Marthe et Ernest fumant la pipe*). On se tait sur le sort de Robert et Germaine aussitôt que la petite approche. Sans en avoir conscience, Monique a remplacé la chevelure de sa maman, dans laquelle elle enfouissait son visage pour s'endormir, par des animaux en peluche dont elle se recouvre la nuit. Tandis que Marthe et Ernest De Wael se consacrent entièrement à leur petite-fille, les grands-parents maternels Eugène et Joséphine Donvil (*ci-dessous*), désespérés par le sort de leur fille Germaine, abandonnent l'enfant.

Lettre du 5 octobre 1943, datée de Hanovre, et transmise à Ernest De Wael par un prisonnier évadé.

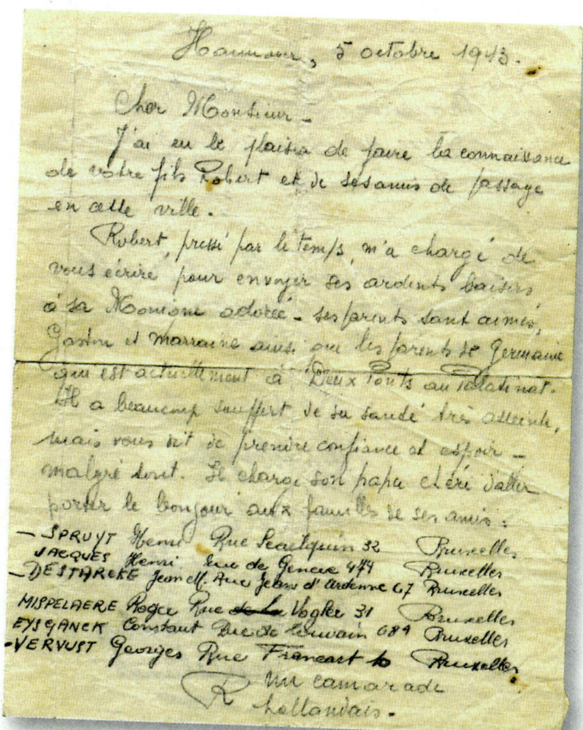

Hannover, 5 octobre 1943.

Cher Monsieur.

J'ai eu le plaisir de faire la connaissance de votre fils Robert et de ses amis de passage en cette ville.

Robert, pressé par le temps, m'a chargé de vous écrire pour envoyer ses ardents baisers à sa Monique adorée. ses parents tant aimés, Gaston et marraine ainsi que les parents de Germaine qui est actuellement à Deux Ponts au Palatinat. Il a beaucoup souffert de sa santé très atteinte, mais vous dit de prendre confiance et espoir – malgré tout. Il charge son papa chéri d'aller porter le bonjour aux familles de ses amis :

— SPRUYT Henri Rue Leautquin 32 Bruxelles
JACQUES Henri Rue de Genève 474 Bruxelles
— DESTAERKE Jean M. Ave Jehan d'Ardenne 67 Bruxelles
MISPELAERE Roger Rue ~~de la~~ Vogler 31 Bruxelles
EYSGANCK Constant Rue de Louvain 684 Bruxelles
• VERVUST Georges Rue Francart 10 Bruxelles

R Un camarade hollandais.

« Cher Monsieur, j'ai eu le plaisir de faire la connaissance de votre fils Robert et de ses amis de passage en cette ville.
Robert, pressé par le temps, m'a chargé de vous écrire pour envoyer ses ardents baisers à sa Monique adorée, ses parents tant aimés, Gaston et marraine, ainsi que les parents de Germaine qui est actuellement à Deux-Ponts au Palatinat. Il a beaucoup souffert de sa santé très atteinte, mais vous dit de prendre confiance et espoir, malgré tout. Il charge son papa chéri d'aller porter le bonjour aux familles de ses amis.
[…] »

signé : « Un camarade hollandais ».

Note : Selon Gaston Van De Stroden, qui préviendra les familles citées de concert avec Ernest De Wael, cette lettre, confiée à un évadé hollandais, a été écrite de la main de Robert De Wael

Attestation de décès de Robert De Wael, en mars 1944 à la prison de Sonnenburg-sur-Oder, signée du chef de peloton Jules-Henri Jacques.

Ernest De Wael et son fils Robert à la veille de la guerre.

Bruxelles le 8 Août 1945

Je soussigné Jacques Jules Henri né à Charleroi le 8 Janvier 1911. chef de Peloton à l'Armée Secrète, déclare que le nommé De Wael Robert Officier de réserve au 1er régiment de grenadiers, commandant de compagnie dans l'armée secrète (groupe mobile grenadiers) est décédé en captivité en Allemagne à la prison de travaux forcés de Sonnenburg sur Oder, en ma présence, la fin Mars 1944.

JACQUES Jules
21 rue de la Tourelle - Etterbeek
HJacques

« Bruxelles, le 8 août 1945. Je soussigné Jacques, Jules-Henri, né à Charleroi le 8 janvier 1911, chef de peloton à l'armée secrète, déclare que le nommé De Wael, Robert, officier de réserve au 1er Régiment de Grenadiers, commandant de compagnie dans l'armée secrète (groupe mobile Grenadiers), est décédé en captivité en Allemagne, à la prison de travaux forcés de Sonnenburg-sur-Oder, en ma présence, fin mars 1944.

Jacques Jules, 21 rue de la Tourelle-Etterbeek. »

Il reste que la famille De Wael semble curieusement tourner le dos à l'enfant au moment même où celle-ci aurait le plus besoin de son soutien. Monique croit savoir que c'est l'anticléricalisme de son grand-père, mâtiné d'aigreur, ou de cynisme, qui aurait fait le vide autour d'eux. Ce que confirme Poupoule qui rapporte qu'on se méfiait des réflexions grinçantes d'Ernest, et qu'on lui reprochait d'élever sa petite-fille loin de la religion, et sans aucune règle morale.

Mais on ne peut pas exclure non plus que, avertis de l'enquête judiciaire sur la trahison de Robert De Wael, famille et proches aient décidé de couper les ponts avec celle qu'ils surnommeront bientôt « la fille du traître ».

9

En février 1946, désormais certain que son fils est mort en captivité, Ernest De Wael entreprend les premières démarches pour tenter d'obtenir des autorités belges une pension d'orpheline pour sa petite-fille, comme la loi l'y autorise.

Le 5 février, il remplit la fiche de renseignements que lui adresse le ministère des Victimes de la guerre. Il note que Robert De Wael, « commandant dans l'armée secrète », a été arrêté pour « détention d'armes de guerre » et qu'il est « décédé à la prison de Sonnenburg ».

« Père du prisonnier politique », ajoute-t-il sous sa signature, de sa belle écriture. Il importe en effet d'avoir été reconnu « prisonnier politique » pour offrir la possibilité à ses ayants droit de toucher l'allocation mensuelle demandée.

Ernest De Wael est confiant, l'affaire des Grenadiers résistants est bien connue à Bruxelles, et la disparition de Robert à Sonnenburg-sur-Oder, sous l'étiquette « NN »

(*Nacht und Nebel*), réservée aux prisonniers politiques, est une présomption positive pour l'administration belge.

Dès le mois d'avril, une enquête est lancée par l'Œuvre nationale des anciens combattants (l'ONAC), qui sera chargée, si tout est en ordre, de verser l'allocation. Les bourgmestres de Schaerbeek et d'Anderlecht sont priés de répondre à de longs questionnaires. On veut connaître les conditions de l'arrestation de Robert De Wael, pouvoir reconstituer sa carrière, puis sa guerre dans la clandestinité, savoir qui a touché son traitement pendant sa détention, s'assurer qu'Ernest est bien le tuteur légal de Monique, etc.

Entre-temps, cependant, les lois ont changé, le statut des prisonniers politiques et de leurs ayants droit est passé sous la responsabilité du ministère de la Reconstruction, et il faut tout recommencer, remplir de nouveaux formulaires, fournir de nouveaux justificatifs. Il revient désormais à une « Commission consultative pour les prisonniers politiques » de donner un avis sur la légitimité, ou non, de l'allocation réclamée.

À plus de soixante-dix ans, et désormais veuf, Ernest De Wael se plie docilement aux bégaiements de l'administration belge en pleine réorganisation, et il court d'un bout à l'autre de Bruxelles pour se procurer le certificat manquant, ou déjà périmé. C'est ainsi qu'au 1er décembre 1948, soit plus de deux ans après le début de son entreprise, le vieil homme en est encore à remplir les mêmes formulaires sur les date et lieu de décès de son fils…

Le 8 février 1949, la Commission convient que Robert De Wael a bien été arrêté pour « activité dans la Résistance », et que « les renseignements fournis paraissent exacts ».

Cependant, l'enquête se poursuit en coulisses, et la commission adresse une demande de renseignements à l'Auditorat militaire près le conseil de guerre. Comme son nom l'indique, cette instance a auditionné de nombreux militaires à leur retour de captivité, et les informations dont elle dispose peuvent permettre de se faire une idée plus précise du rôle joué par tel ou tel dans la Résistance, puis, plus tard, de son attitude durant les interrogatoires et en détention.

Il apparaît alors que Robert De Wael fait l'objet d'un dossier à l'Auditorat militaire, dossier ouvert par une plainte déposée dès la Libération. Le 30 mars 1949, l'auditeur Daliers en adresse les pièces à la Commission :

« J'ai l'honneur, écrit-il, de vous transmettre en communication le dossier judiciaire à charge de De Wael Robert, né à Anderlecht le 5.4.1909, terminé par une décision de sans suite le 11.1.1946, sans déchéance des droits civils et politiques (décédé).

« Je vous saurais gré de me le faire renvoyer dès qu'il aura cessé de vous être utile. »

Que recèle ce dossier « à charge » dont on soupçonne qu'il aurait pu valoir à Robert De Wael la déchéance de ses droits civils et politiques, s'il n'était pas « décédé » ? Des éléments si lourds, apparemment, qu'il faut encore attendre deux longues années pour que la Commission revienne vers Ernest De Wael – le 17 avril 1951. Pour conclure, cette fois ? Non. Il s'avère que le commissaire de l'État, M. Marx, a simplement besoin d'un énième certificat de décès de Robert De Wael... Entre-temps, Ernest a été victime d'une attaque cérébrale qui l'a maintenu à l'hôpital du mois de décembre 1950 au mois de juin 1951. C'est donc Mlle Descotte, professeur de Monique dont on reparlera bientôt (c'est elle qui héberge l'enfant pendant l'hospitalisation du grand-père), qui répond à M. Marx en nom et place d'Ernest – il ne parvient plus, momentanément, à écrire.

Enfin, le 17 décembre 1951, la Commission rend sa décision :

« a. En ce qui concerne le défunt : il n'a pas droit à titre posthume au titre de prisonnier politique, au titre de bénéficiaire du statut;

« b. En ce qui concerne la requérante : elle n'a pas droit en conséquence au titre d'ayant droit de prisonnier politique, d'ayant droit de bénéficiaire du statut. »

En somme, on refuse à Monique De Wael l'allocation demandée par son grand-père. Les raisons d'une décision aussi dure, il faut aller les chercher dans les conclusions du commissaire de l'État et rapporteur, M. Marx :

« Attendu, écrit-il, que le défunt fut arrêté par l'ennemi en raison d'une activité de résistance dirigée contre eux.

« Attendu cependant qu'après son arrestation, dans le but probable de rendre moins lourde la condamnation que l'ennemi allait prononcer contre lui, il participa avec la Gestapo aux recherches entreprises pour arrêter d'autres membres de la Résistance, et pour découvrir un dépôt d'armes; que cela résulte tant des dépositions de plusieurs témoins que des mentions portées par le défunt dans une carte écrite par lui à sa famille; que dans cette même carte le défunt propose de s'engager dans les SS pour le front.

« Attendu qu'un tel comportement se justifie difficilement, même si le défunt avait subi des sévices de la part de l'ennemi.

« Plaise à la Commission déclarer la demande recevable, mais non fondée. »

On devine sans mal l'accablement d'Ernest De Wael en découvrant ces « attendus ». Après qu'il a perdu son fils, puis sa femme, voilà qu'on vient lui expliquer que ce fils aurait trahi.

« Monsieur le commissaire, écrit-il cinq jours plus tard à M. Marx qui lui a demandé de bien vouloir passer à son bureau,

« Je suis au regret de devoir vous communiquer que je suis dans l'impossibilité absolue de me rendre à votre invitation, étant âgé de soixante-quinze ans, et paralysé. [...]

« Quant à la carte que mon fils aurait écrite à sa famille, et dont je n'ai jamais eu connaissance, il n'est pas difficile de comprendre pour quel motif elle aurait été écrite. En effet, prisonnier se voyant mourir de jour en jour par suite de mauvais traitements et de manque de nourriture, interrogatoires tous les jours, et ce, pendant des heures, un homme, aussi fort soit-il, ne peut résister et doit finalement parler et chercher par n'importe quel moyen possible et imaginable à se libérer, d'autant plus que dans le cas présent il savait son épouse en prison et son enfant abandonnée à deux vieilles personnes, dont sa mère, morte de chagrin.

« Je jure devant Dieu que si mon fils a écrit ce dont on l'accuse, c'était avec l'intention bien arrêtée de rejoindre l'armée belge dont il faisait partie en qualité de lieutenant de réserve, considéré comme officier de grand avenir puisque monsieur le ministre Devèze[1] voulait lui faire signer un engagement dans l'active.

« Mon fils, conclut-il, patriote dans l'âme, aurait été incapable de commettre une infamie, et si, dans un moment d'aberration ou de folie, il a commis un acte préjudiciable, il s'est racheté par sa mort et celle de sa femme, et ce n'est pas à la pauvre petite orpheline de subir les conséquences. »

Il est exact qu'Ernest De Wael n'a jamais reçu cette carte où son fils lui dit avoir proposé à ses geôliers de s'engager dans les Waffen-SS. Tout simplement parce qu'elle fut interceptée par des résistants. Cela ressort d'un échange de correspondance entre un ami de Robert De Wael, Charles Gilson, et un ex-résistant. Charles Gilson a cette phrase explicite au détour d'une de ses lettres : « Lorsque vous m'avez lu des passages de la carte écrite par mon ami et interceptée par vos services... »

« J'ai déjà collaboré avec leur police pour prouver ma volonté de me racheter », avoue Robert De Wael dans cette carte écrite depuis la prison de Bochum. Fait-il référence à cet été 1942 où, ramené seul à Bruxelles, il a pu voir Monique dans les locaux de la Gestapo ? Sans doute, puisque dans ses « attendus » c'est bien d'une collaboration « avec la Gestapo » que parle M. Marx.

1. Albert Devèze (1881-1959), homme politique libéral, plusieurs fois ministre de 1920 à 1950. Ministre de la Défense de 1932 à 1936.

Quoi qu'il en soit, Ernest De Wael n'accorde aucun crédit aux aveux de son fils, pas plus qu'aux dépositions des témoins cités par le même M. Marx, et il décide de faire appel.

Le 30 janvier 1952, il adresse à M. Marx, à l'appui de son appel, une copie d'une lettre de Charles Gilson tendant à montrer que Robert De Wael a toujours été un bon patriote, et d'une écriture tremblante, car il est désormais en partie paralysé, il précise :

« Cette lettre prouve que mon fils n'était pas incivique et que, s'il a écrit quoi que ce soit pour se libérer, ce ne peut être que dans un cas de démence. Les messieurs qui l'ont jugé n'ont certainement pas été prisonniers, sans quoi ils auraient su ce que c'était d'être dans les bagnes allemands.

« Dans une famille comme la mienne, ajoute-t-il, il n'y a pas d'inciviques et ne pourrait y en avoir. J'habite la commune d'Anderlecht depuis plus de soixante ans, pensionné, ancien fonctionnaire de la commune, ma famille y est honorable, connue et considérée.

« J'ai la conviction, monsieur Marx, écrit-il pour finir, que ces messieurs du jury examineront à nouveau le cas de mon pauvre enfant afin de ne pas jeter l'opprobre sur le nom d'un malheureux vieillard, âgé aujourd'hui de soixante-quinze ans, et d'une petite orpheline depuis l'âge de trois ans et demi. »

Mais l'opprobre a déjà commencé d'être jeté sur le nom de Robert De Wael, puisque c'est en ce début des années 1950, se souvient Poupoule, qu'on commence à dire, parlant de Monique : « Tu sais, la fille du traître… »

Est-ce déjà l'écho du premier jugement de la Commission ? Ou des témoins – ces ex-Grenadiers rescapés des camps – ont-ils parlé ici et là, donnant foi à la rumeur qui prétendait depuis longtemps que De Wael avait « travaillé » pour les Allemands ? Le destin de Monique De Wael, qui vient de fêter ses quatorze ans, semble en tout cas scellé : orpheline d'un héros à la Libération, elle est désormais la fille d'un homme frappé d'indignité.

C'est vraisemblablement à cette époque qu'on efface discrètement le nom de son père de la plaque rendant hommage aux agents communaux de Schaerbeek morts pour la patrie.

Personne n'a la cruauté d'en avertir Monique, qui ignorait de toute façon l'existence de cet hommage. Mais on se doute qu'Ernest De Wael est prévenu, lui, et que cette radiation, menée à coups de marteau, doit être pour le vieil homme comme la seconde mort de son fils.

Monique De Wael n'a pas le souvenir qu'on l'ait traitée de « fille de traître ». Quelquefois seulement de « fille de Boche », ou de « sale Boche », mais alors elle n'établit aucun lien avec son père, dit-elle aujourd'hui, puisqu'elle ignore tout des démarches entreprises par son grand-père pour lui obtenir une allocation, comme du procès posthume que ces démarches ont déclenché. Sa haine des Allemands est si forte qu'elle tente d'ailleurs d'étrangler, dans la cour de récréation, l'écolière qui vient de l'insulter.

On ne lui a toujours pas dit que ses parents étaient morts, et tandis qu'une partie d'elle-même continue de les attendre – « quand je pensais à eux, dit-elle, je les voyais à l'est, sans pouvoir me représenter exactement ce qu'était l'est » –, une autre partie se résout à leur « disparition ». On le voit bien cette année-là, grâce à une rédaction demandée par Mlle Descotte. Le sujet doit tourner autour de la vie familiale, « racontez une scène qui vous a marqué », quelque chose comme ça, car Monique se lance dans le récit très imagé du naufrage de ses parents. Sa professeur, qui sait qu'elle est orpheline, mais découvre que son père et sa mère seraient morts en mer, est si impressionnée qu'elle demande à rencontrer Ernest. Monique n'assiste pas à ce rendez-vous, mais elle se rappelle que Mlle Descotte ne lui a plus jamais reparlé par la suite ni de sa rédaction ni de ses parents.

Marthe avait coutume de venir à intervalles jeter un œil sur sa petite-fille. Si elle la trouvait chuchotant avec ses animaux, elle s'en allait vite pour ne pas la perturber. Mais si elle la découvrait mélancolique, alors elle proposait une occupation quelconque. Il ne fallait jamais que l'enfant soit triste, et Ernest poursuit à présent le même dessein. Bien que diminué, il veille sans cesse au bonheur de Monique.

Un après-midi, il la trouve assise dans l'herbe du jardin, occupée à observer le travail des fourmis. Elle leur parle. Dit à l'une que ce fardeau est bien trop lourd pour elle, et propose de le casser en deux. Conseille à l'autre un chemin plus court, elle qui voit tout de là-haut. « Je me disais souvent, en regardant une fourmilière, que d'un seul coup de pied j'aurais pu tuer toutes les fourmis, et que Dieu était avec les hommes dans la même position que moi avec ces petites bêtes : sauf que lui nous piétinait, qu'il tuait des innocents et s'en fichait complètement. »

« À quoi penses-tu Monique ?
— À rien. Je regarde les fourmis. »

Ce jour-là, Ernest retourne vers son secrétaire en claudiquant, et il revient dans le jardin avec une minuscule boussole enfermée dans un coquillage. Il n'est pas rare qu'il donne un de ses objets fétiches à sa petite-fille quand il la découvre triste, ou simplement rêveuse – une fois, un porte-monnaie, une autre fois, un canif, ou encore une petite loupe pour mieux observer les fourmis –, mais jamais il ne lui a fait cadeau d'une chose aussi extraordinaire : une aiguille capable d'indiquer la direction sans jamais se tromper, et pendant des milliers d'années.

Monique est éblouie. Elle découvre les quatre points cardinaux. Elle découvre surtout qu'avec une boussole on peut savoir précisément où se trouve l'est.

Le 23 février 1953, la « Commission d'appel d'agréation des prisonniers politiques et de leurs ayants droit » confirme le jugement rendu en première instance : Robert De Wael n'a pas droit au titre de « prisonnier politique » et, en conséquence, sa fille n'a pas droit à l'allocation versée par « l'État reconnaissant » aux ayants droit des grands patriotes.

La décision d'appel reprend l'accusation terrible de M. Marx, mais plus explicitement encore : « Le défunt, dit-elle, arrêté pour son activité patriotique, dévoila l'emplacement d'un dépôt d'armes et participa avec les Allemands, sans contrainte, à l'arrestation des membres de son groupe. »

Rien n'est dit de plus sur ces arrestations et sur ce dépôt d'armes, mais on devine sous les mots un homme désignant un à un ses ex-camarades de combat, et prenant part à leur arrestation, dissimulé parmi les agents de la Gestapo.

La décision est rendue en audience publique, cette fois, et plus personne ne peut donc ignorer qu'aux yeux de l'État belge Robert De Wael fut un traître.

Monique a bientôt seize ans, cet hiver-là. Son grand-père peut-il continuer à la protéger, à lui dissimuler les sombres nuages qui se sont accumulés au-dessus de sa tête et risquent de lui cacher le soleil à jamais ? Elle dit n'avoir aucun souvenir du combat qu'a engagé pour elle le vieil homme, ni du long cauchemar qu'a dû être la fin de sa vie. Cependant, il lui revient ici ou là des bribes de phrases, ou de scènes, montrant qu'une partie de sa conscience savait, qu'elle n'était pas complètement ignorante du drame qui se jouait autour d'elle. Elle se souvient de sa grand-mère, Marthe, rapportant à Ernest une phrase entendue sur le marché et qui l'avait mise hors d'elle, au bord des larmes : « Quand on ne sait pas résister à la torture, on ne fait pas de résistance. » Monique devine-t-elle qu'on parle de la trahison de son père ? Et du vivant de Marthe, déjà, alors que la Commission ne s'est pas encore prononcée ? Oui, du vivant de Marthe, elle en est certaine – elle ne confondrait pas, dit-elle, sa grand-mère avec une autre dame.

Plus tard, après la mort de Marthe, elle revoit clairement son grand-père expliquer à un autre homme, Charles Gilson peut-être, que « tout ça, c'est un complot contre Robert, qu'ils ont tous parlé, et qu'ils cherchent maintenant à lui faire porter le chapeau ».

Enfin, elle se rappelle la soudaine colère d'Ernest à l'évocation d'un nom, d'Alcantara. « Ce salaud ! »

s'était-il exclamé. Grenadier, commandant de compagnie dans la clandestinité, Pierre d'Alcantara fut arrêté durant l'été 1942, alors que Robert De Wael se trouvait à Bruxelles entre les mains de la Gestapo. A-t-il été « donné » par Robert De Wael ? A-t-il contribué, plus tard, à dévoiler la trahison de De Wael ? Ernest en a-t-il été informé ? Monique ne sait rien d'autre, elle sait juste que d'Alcantara fut traité de « salaud » par son grand-père.

L'État belge n'abandonne toutefois pas Monique De Wael. Ce qu'il lui retire d'une main, le commissaire de l'État, M. Marx, lui rend de l'autre, en déclarant que Germaine De Wael y a droit, elle, au titre de « prisonnier politique » du fait de « l'activité patriotique et désintéressée » qui lui a valu d'être arrêtée.

L'État sait-il que Germaine De Wael n'a jamais souhaité s'impliquer dans la Résistance, et même qu'elle reprochait à son mari son engagement ? Sait-il que son arrestation fut la conséquence d'un malentendu (elle crut comprendre que Robert lui demandait de cacher son arme, tandis qu'il lui faisait signe d'aller chercher Monique à l'école) ? Peu importe, puisqu'une attestation est là pour sauver les apparences.

Dès le 11 juillet 1946, sept jours après le témoignage de Gilberte Delmée déclarant avoir vu Germaine De Wael à Ravensbrück, « dans un état épouvantable », le ministère de la Défense nationale certifie que la mère de Monique « fit partie de l'armée secrète depuis fin 1940 sous le numéro matricule 801.960 ». Le document est signé du lieutenant-général Pire, « commandant en chef de l'A.S. ».

Comment Ernest De Wael obtient-il cette attestation, lui qui sait bien que Germaine ne fut pas résistante ? On ne le saura jamais. Il souhaite alors engager une demande de pension pour Monique au titre de sa mère, comme il vient de le faire au titre de son père, et ce document lui est indispensable pour solliciter la fameuse « Commission d'agréation des prisonniers politiques et de leurs ayants droit ».

Sachant avec quel soin la Commission mène ses enquêtes, on est surpris de constater qu'elle ne se livre à aucune investigation concernant les activités de Germaine De Wael dans la clandestinité (comme la police allemande, d'ailleurs, qui, se rendant compte dès le premier interrogatoire qu'elle n'était impliquée dans rien, cessa de l'entendre, mais l'envoya tout de même à la mort).

Cependant, le 5 novembre 1951, un mois avant de refuser le statut de « prisonnier politique » à Robert De Wael, la Commission accepte de l'accorder à Germaine. La similitude des femmes et des hommes qui ont rendu ces deux jugements (conformes aux réquisitions de M. Marx), le rapprochement troublant des dates incitent à penser que la décision fut prise pour compenser la condamnation à venir du père, par humanité et compassion envers une enfant qui avait tout perdu dans la guerre, et n'avait plus alors pour se préoccuper d'elle qu'un vieillard en partie paralysé.

Fille d'un homme officiellement accusé d'avoir trahi, Monique est donc également la fille d'une femme officiellement reconnue pour sa bravoure et son patriotisme.

Le 11 février 1953, Germaine a reçu la médaille de la Résistance à titre posthume.

Le 8 janvier 1957, elle a été décorée de la croix de guerre avec palme, avec cette mention : « Membre de l'armée secrète dès décembre 1940. Résistante de la première heure, active et courageuse. Se consacra sans réserve à une lutte opiniâtre contre l'ennemi. Transporta des armes. Arrêtée le 23 septembre 1941, en raison de son activité patriotique, et déportée en Allemagne, y mourut à Ravensbrück entre le 1er février et le 30 décembre 1945. »

La gloire de sa mère aurait dû recouvrir, dans le cœur de Monique De Wael, la blessure laissée par son père. Elle ne l'a pas fait. De la même façon, il semble qu'il ne soit jamais venu à l'idée de personne de dire en parlant de Monique : « Tu sais, la fille de la grande résistante… »

Comme si ni Monique ni personne n'avait été dupe du compromis voulu par M. Marx.

10

Ernest De Wael meurt le 7 janvier 1954, d'une crise cardiaque. Il disait à sa petite-fille que s'il ne pouvait plus manger ce qu'il aimait, ça n'était plus la peine de vivre, et il refusait donc de se priver. C'était déjà bien assez de ne plus oser sortir du fait de sa canne, lui que l'on avait toujours croisé dans les rues d'Anderlecht solide comme un chêne. Lui qui aimait à soulever son chapeau au passage des dames.

Le grand-père et sa petite-fille ont quitté depuis peu la maison de la rue du Docteur-Jacobs pour acheter un petit appartement rue Ysewyn, dans une cité populaire construite au bord du canal de Charleroi, toujours à Anderlecht. Ernest, qui a été locataire toute sa vie, a pris cette décision pour que la petite ait au moins un toit après sa mort.

Elle survient à l'improviste, au milieu de la nuit.

« Monique ! Monique ! a-t-il la force d'appeler, fais venir le docteur, vite ! »

Elle saute de son lit, allume la lampe de chevet de son grand-père, téléphone au médecin. Puis elle court du lit à la fenêtre du salon pour guetter la voiture. Les minutes lui semblent des heures, des jours, pourquoi n'arrive-t-il pas ? Elle a froid, elle est très angoissée, elle crie depuis le salon :

« Il va venir, grand-père ! Il va venir, ne t'inquiète pas. Il a dit dans cinq minutes. »

Quand elle retourne dans la chambre, Ernest s'est assoupi, et cela la rassure. C'est qu'il ne souffre plus, pense-t-elle.

Enfin, le médecin est là. Elle le précède dans la chambre, le voit s'approcher du lit, prendre le poignet, chercher le pouls.

« Il est mort », dit-il.

Mais les mots la traversent sans provoquer quoi que ce soit en elle. Elle croise le regard pressé et glacé du médecin.

« Ça fait deux cents francs. »

Elle trouve l'argent dans le secrétaire et raccompagne le docteur jusqu'à la porte.

Ensuite, elle ne sait pas ce qu'elle doit faire. Elle est fatiguée, elle hésite à retourner se coucher, mais elle a vaguement conscience qu'une chose très grave est en train de se passer, malgré elle, et bien que rien ne bouge, que tout soit silencieux, exactement comme dans une nuit normale.

Alors elle se résout à sonner chez la voisine. C'est une dame qui leur rapporte du pain, parfois, une dame plutôt gentille. Elle met du temps à venir ouvrir, se demande sûrement qui ça peut bien être à cette heure-ci.

« C'est Monique.

— Ben qu'est-ce qui t'arrive que tu réveilles les gens au milieu de la nuit…

— Mon grand-père est mort.

— Oh, mon Dieu ! Oh, mon Dieu ! »

Elle vient constater elle-même que le vieil homme s'est éteint, et puis après avoir répété : « Ma pauvre petite ! Ma pauvre petite ! », propose à Monique d'aller dormir chez elle.

« Non, je préfère rester là.

— Tu es sûre ? Tu ne vas pas avoir peur ?

— Non.

— Alors, à demain. »

Après l'enterrement, c'est de nouveau Mlle Descotte qui se préoccupe du sort de Monique. Sabine Descotte vit avec sa sœur, Léonie. Les deux demoiselles, institutrices l'une comme l'autre, sont touchées par le destin de la petite orpheline qu'elles ont déjà hébergée, trois ans plus tôt, lors de l'hospitalisation de son grand-père.

Monique, qui est maintenant dans sa dix-septième année, prétend qu'elle n'a plus de famille, ni personne chez qui aller. Les sœurs Descotte ne sont sûrement pas dupes de cette histoire puisqu'elles ont croisé à l'enterrement d'Ernest plusieurs membres de la famille De Wael, dont Eva, l'épouse de Georges, le plus jeune frère d'Ernest, celui qui pratiquait la bicyclette avec Robert et Germaine, avant la guerre. Elles constatent cependant que Monique semble complètement coupée des siens, comme si elle était devenue une étrangère dans sa propre famille, et elles adoptent momentanément la jeune fille.

Peut-être ont-elles le dessein secret de l'élever jusqu'à sa majorité, elles qui n'ont pas eu d'enfants ? Peut-être attendent-elles simplement que les De Wael se manifestent ? Elles ont en tout cas le sentiment de faire leur devoir, et elles le font au début avec beaucoup de compassion et d'affection.

Cette année scolaire 1953-1954, Monique De Wael est à l'École normale de la rue Berkendael, en année préparatoire. Il serait exagéré d'écrire qu'elle veut devenir institutrice, puisqu'elle dit aujourd'hui que ce métier ne l'a jamais attirée, mais, après une scolarité chaotique, c'est le compromis qu'elle a trouvé avec son grand-père et les sœurs Descotte pour poursuivre ses études.

Arlette H., qui va devenir son amie la plus proche à l'École normale, et le demeurer par la suite, se rappelle son arrivée fracassante, avec deux jours de retard.

« Nous étions tous assis, très silencieux, encore intimidés, et soudain la porte s'est violemment ouverte, comme sous l'impulsion d'un coup de vent.

« "C'est ici la classe préparatoire ?" a lancé Monique, sans se présenter ni dire bonjour.

« Ensuite, elle est allée s'asseoir, sans précautions, en prenant son temps et ses aises, comme pour bien montrer qu'elle n'était pas prête à se laisser dompter. »

Élevée par Ernest dans le seul souci de la voir heureuse, de ne jamais la contrarier, Monique est devenue avec l'adolescence une jeune fille effrontée et provocatrice. Arlette H., dont les parents ne transigent sur rien, et surtout pas sur le respect des autres, ni des règles, est immédiatement fascinée par le culot de la nouvelle.

Les sœurs Descotte le sont beaucoup moins. Elles sont effarées par le comportement de leur protégée, par son goût insatiable pour la liberté. Catholiques pratiquantes, abonnées à la grand-messe du dimanche matin et aux vêpres en fin d'après-midi, elles tentent les premiers temps de remettre Monique dans le droit chemin. Elles lui arrachent le petit bouddha qu'elle porte autour du cou et l'entraînent de force à l'église. Elles lui interdisent de mettre de la vaseline sur ses cils et de gonfler les lèvres en soutenant le regard des hommes dans le tramway.

Cependant, après quelques semaines, Monique n'en fait plus qu'à sa tête. Elle envoie valser les culottes de lin et les chapeaux « grotesques » que veulent lui imposer les demoiselles. Elle se dresse les cheveux sur la tête, porte des décolletés provocants, des bottes de cuir, et ricane quand l'une ou l'autre des sœurs s'exclame qu'elle ne peut pas sortir dans cette tenue de « fille de joie ». Les demoiselles perdent leur sang-froid, l'enferment, lui confisquent la clé de la maison. Mais elle casse une vitre et s'enfuit par la fenêtre.

C'est après quelques scènes de ce genre qu'elles parviennent à prendre langue avec un cousin germain de Monique, le jeune abbé Roger De Wael. Il semble que ça soit par le biais de ce prêtre, qui va devenir le tuteur légal de la jeune fille, que la question de la prise en charge de Monique fut enfin posée au sein de la famille De Wael.

Un conseil est réuni pour évoquer sa situation, mais personne ne se précipite pour recueillir une adolescente que l'on n'a pas vue grandir, et que l'on dit incontrôlable et sans morale. Les seuls à l'avoir connue petite, Eva et Georges, se désistent. Et c'est finalement Maurice, le fils du frère aîné d'Ernest, Émile, qui se porte volontaire. Maurice et Marguerite, sa femme, sont les parents de l'abbé Roger De Wael, l'aîné de leurs deux garçons. Le cadet, Léopold, est un peu plus âgé que Monique et il vit encore sous le toit familial.

C'est donc à l'âge de dix-sept ans, au milieu de l'année 1954, que Monique De Wael prend ses quartiers chez Maurice et Marguerite, son oncle et sa tante. Elle dit aujourd'hui qu'ils ne l'ont recueillie que pour bénéficier de son allocation d'orpheline de guerre, bien qu'ils soient aisés et ne manquent de rien – Maurice est dentiste. Elle dit que Marguerite a tenté de la casser en l'humiliant constamment, en la blessant injustement, et que jamais, de toute sa vie, elle n'a été aussi malheureuse que chez ces gens-là.

Dans *Survivre avec les loups*, elle leur consacre tout un chapitre au titre éloquent : « L'apprentissage de la haine. » Elle raconte être arrivée chez eux à l'âge de sept ans, aussitôt après l'arrestation de ses parents, en septembre 1941 (elle avait en réalité quatre ans cette année-là). « Ma vie de petite fille aimée s'est arrêtée ce jour-là, écrit-elle, chez cette femme aux cheveux mauves qui ne m'aimait pas. Elle avait pris l'argent, mais j'étais en trop, elle allait s'employer à me le faire sentir. »

On reconnaît parfaitement dans son livre le couple et ses deux garçons, Roger, le prêtre, et Léopold, d'autant mieux qu'elle ne change les prénoms de personne et que Maurice y est également dentiste. Mais au lieu d'être leur nièce, comme dans la réalité, elle est Mishke, la petite Juive apeurée, l'enfant de Gerusha et de Reuven qui viennent d'être « raflés » par la Gestapo.

Et c'est Marguerite, l'épouse du dentiste, bourgeoise catholique au cœur sec, qui lui donne le nom de Monique Valle et exige qu'elle l'appelle « maman ».

« Je ne l'ai pas appelée "maman", écrit Misha Defonseca, et au bout d'un certain temps elle n'a plus insisté. Mais j'ai demandé où étaient mes parents à plusieurs reprises, et chaque fois la réponse a été la même : "On n'en parle pas ! Je vais t'emmener faire des photos, à partir de maintenant tu t'appelles Monique Valle et tu as quatre ans. – Pourquoi est-ce que j'ai quatre ans ? – Je n'ai pas d'explication à te donner, tu es Monique Valle, tu as quatre ans, mets-toi bien ça dans la tête." »

Dans la réalité, c'est une adolescente malheureuse et provocatrice que recueille Marguerite De Wael, dix ans après la fin de la guerre. Intransigeante, confite en dévotion, pleine de principes d'un autre temps, elle tente, après les sœurs Descotte, de dompter une Monique qui « a poussé comme de l'herbe sauvage au milieu des ruines », selon l'expression de son amie Arlette. La tante et la nièce sont trop différentes pour trouver un terrain d'entente.

« Tu devrais m'appeler "maman" avec tout ce que je fais pour toi, lance un jour la première.

— Tu n'es pas ma mère. Ma mère m'a donné la vie. »

Alors Marguerite, sans doute blessée, mais perdant le sens de la mesure :

« Et où est-elle ta mère, maintenant ? Tu peux me le dire ? »

Monique a le sentiment que sa tante n'aime rien de ce qu'elle est, ni au physique ni au moral, et, comme elle a déjà bien du mal à se supporter elle-même – « à dix-sept ans, dit-elle, je me trouvais moche, j'aurais voulu ressembler à ma mère et j'étais le portrait de mon père » –, les diatribes et les maladresses incessantes de sa tante ne font qu'aggraver son mal-être. Croyant probablement bien faire, Marguerite se condamne à jamais aux yeux de Monique en critiquant vertement son grand-père, Ernest, « cet anarchiste, ce mangeur de curés », dit-elle. Y ajoute-t-elle, dans sa colère, quelques allusions cruelles à la traîtrise du père, comme on le murmure ici et là ?

En tout cas, la haine de Monique pour « la femme aux cheveux mauves » est intarissable, et il faut relire *Survivre avec les loups* pour en prendre toute la mesure. « J'aurais voulu l'étrangler, écrit-elle. Et je crois que j'aurais pu. J'avais envie de frapper, de lui marcher sur les pieds, de lui donner un coup de pied dans les jambes, tout ce qui était à la portée de ma taille. J'ai vraiment ressenti cette haine violente et subite, qui m'est souvent revenue par la suite. Je la regarde, et, mentalement, je lui arrache toutes ses dents en or, je l'étrangle, je coupe sa vilaine tête aux cheveux mauves. Je veux la rabattre, la réduire à sa laideur et à sa méchanceté pour qu'elle ne me blesse plus. Ma mère, comparée à cette femme, était le soleil, sa lourde chevelure parfumée était une splendeur aérienne à la fois dense et légère, un nuage finement ondulé. »

C'est alors qu'elle habite chez ces gens détestés, et qu'elle doit faire seule le deuil de son grand-père, qu'elle songe pour la première fois partir vers l'est à la recherche de ses parents. L'idée lui en vient à l'esprit un jour où ils traversent une sombre forêt et qu'elle se trouve assise à l'arrière de la voiture, derrière son oncle et sa tante. Elle voit défiler les hautes futaies, trouées ici et là d'étroits chemins, et elle rêve de s'engager dans l'un d'eux, portée par l'espoir fou de retrouver de l'autre côté, à l'autre bout du chemin, une félicitée enfantine, tendre et lumineuse, dont sa mémoire a conservé la trace lointaine.

La forêt ne lui fait pas peur, c'est au contraire dans sa profondeur, en compagnie de ses animaux en peluche, qu'elle a trouvé la sécurité après l'arrestation de ses parents. C'est le meilleur des mondes, a-t-elle décidé petite fille, réfugiée sous son lit, car on peut s'y cacher des hommes, échapper à leur cruauté, et bénéficier de la protection et du réconfort des animaux, « qui n'ont pas de méchanceté en eux », pense-t-elle.

Elle a conscience d'être orpheline, maintenant. Elle sait bien que ses parents sont morts puisqu'elle le dit à plusieurs reprises à son amie, Arlette. « Ils sont morts en déportation », précise-t-elle. Parfois, aussi, elle dit : « Dans les camps. » Oui, mais elle n'a jamais vu leurs dépouilles, elle ne leur a pas dit au revoir, il n'y a pas eu d'enterrement et ils n'ont pas de sépultures, alors elle ne peut pas s'empêcher d'imaginer, quand son esprit vagabonde, qu'ils sont peut-être toujours là-bas, dans cet est mystérieux et sans visage.

« Je m'aperçois que je l'ai toujours cru, avoue-t-elle aujourd'hui, jusqu'à ce que mon mari me dise un jour, tout récemment : “Misha, essaie de calculer quel âge aurait ta mère si elle était encore en vie.” Près de cent ans ! Là, seulement, j'ai compris que je ne devais plus espérer. »

Dans *Survivre avec les loups*, c'est de chez Marguerite, surnommée « la Virago », qu'elle s'enfuit en 1942 avec la petite boussole d'Ernest, pour le périple de trois mille kilomètres qui va la conduire à travers la forêt jusqu'au ghetto de Varsovie, puis en Ukraine.

Dans la réalité, elle ne part vers l'est qu'en rêve, et ce rêve entêtant est une sorte de consolation au chagrin d'avoir perdu son grand-père dont elle porte la boussole comme une amulette, à l'acrimonie de sa tante Marguerite, à l'hostilité qu'elle provoque à dessein et dont elle souffre. « Je ne m'aimais pas, et les gens ne m'aimaient pas non plus. Partout où j'allais, j'étais toujours le mouton noir, celle qui dérangeait. »

Elle ne s'enfuit pas vers l'est, non, mais son oncle et sa tante, qui ne veulent plus d'elle à la maison (Marguerite tombe malade, semble-t-il), lui trouvent une chambre d'étudiante dans un couvent voisin de l'École normale, rue Berkendael.

C'est une petite pièce sous les combles, humide et froide, où le soleil n'entre jamais, mais Monique est tellement heureuse d'être enfin libre, débarrassée de « la Virago », qu'elle fait de ce meublé l'endroit le plus prisé de l'École normale. Des couleurs chaudes, des coussins, du papier rouge sur les lampes pour tamiser la lumière. « On aurait dit un bordel, mais pour moi c'était le paradis. »

Elle reçoit des camarades d'école, improvise des surprises-parties et, quand les bonnes sœurs perdent patience et rétablissent le couvre-feu, elle fait le mur. Arlette est sidérée par tant d'audace. Elle pense que Monique n'a peur de rien, qu'elle est faite pour dominer le monde, elle est fière d'être son amie et lui obéit avec dévotion. Que Monique croise un garçon qui lui plaise, et c'est Arlette qui est chargée d'aller l'accoster...

Le week-end, cependant, chacun rejoint sa famille, sauf Monique, la chef de bande, qui hante toute seule les longs couloirs gris du couvent. Elle se rappelle avoir été invitée, un dimanche, chez une amie. « J'ai vu toute cette famille, les petits frères et sœurs qui chahutaient, les parents complices et attentionnés, la maman qui avait préparé une tarte aux pommes, et je n'ai jamais plus voulu retourner chez personne. Je me suis sentie tellement pauvre, tellement seule, comparée à eux ! J'étais la petite orpheline, celle qu'on recueillait par pitié. Rien que cette expression de "petite orpheline" me donnait envie de me cacher, de m'enfuir. »

Elle fait une première fugue avec un garçon. Un gosse de riches, un « petit bourgeois ». Il lui répétait qu'il voulait connaître l'aventure, elle le prend au mot, le provoque, et les voilà partis sur les routes dans la voiture du père. Ils passent la frontière, traversent la France, entrent en Italie, mais, arrivés à Gênes, le garçon prend peur. Elle se voyait déjà en Turquie, tandis que lui ne songe plus qu'à rentrer à la maison. Pendant tout le voyage du retour, elle l'insulte.

Elle repart quelques mois plus tard pour Amsterdam, avec deux garçons, cette fois-ci. À l'abbé Roger De Wael, son tuteur, elle raconte qu'elle est en voyage scolaire. Ils traînent la nuit, dorment dans les parcs, boivent de la bière. Quand le prêtre découvre la supercherie, il décide d'attendre son retour plutôt que de prévenir la police. Il lui demande alors de confesser dans une lettre ce qu'elle a vécu, tout en lui faisant promettre de ne jamais recommencer. « Cher tuteur, commence-t-elle, ironique, pour mon bonheur, j'ai fui la Belgique... »

Sans doute est-ce la première fois qu'elle parvient à formuler si clairement qu'elle n'aime pas son pays. Ce pays pour lequel son père se disait prêt à mourir. Elle n'a donc pas lu ses carnets de campagne, ni ses lettres de prison, découverts dans le secrétaire de son grand-père ? Non, elle se rappelle avoir commencé à déchiffrer une ou deux phrases, ici et là, suffisamment pour comprendre que ces écrits étaient bien de son père, mais elle prétend n'avoir pas eu la curiosité d'aller plus loin, de s'y plonger.

On se dit qu'elle a d'autres préoccupations, à dix-huit ans, que de remonter le temps, mais on devine aussi quels échos douloureux éveillent en elle ces documents. Si Robert De Wael était resté le grand soldat qu'il était en 1941, si son nom n'avait pas été effacé du monument aux morts, aurait-elle enfoui ces documents avec le même empressement au fond d'une valise ?

Elle explique qu'elle ressent le besoin de fuir la Belgique, au seuil de l'âge adulte, parce que, à l'exception de ses grands-parents, tout le monde a toujours été « méchant » avec elle. Mais derrière la colère, on entend plutôt le désespoir d'avoir perdu ses racines dans son propre pays, comme si l'opprobre jeté sur son père avait fait d'elle une proscrite, une clandestine condamnée à errer.

D'ailleurs, pour son premier poste de jeune institutrice, elle ne choisit pas une de ces écoles de Bruxelles au fronton desquelles flotte fièrement le drapeau belge. Non, elle se fait embaucher… sur un paquebot ! Elle embarque sur les transatlantiques qui font la liaison avec l'Afrique. La traversée dure deux semaines et les compagnies recrutent à cette époque des professeurs pour organiser le quotidien des enfants et décharger les parents.

Elle a dix-neuf ans, plus aucune attache en Belgique à l'exception de son amie Arlette, une cabine pour elle toute seule, et un salaire qu'elle dépense en toilettes. Elle veut se faire plaisir, racheter les humiliations de la Virago, oublier la grisaille du couvent, et surtout briller. Qu'on la remarque. Qu'on l'aime. Qu'on l'aime enfin. Pour le grand bal offert à l'escale du Cap-Vert, elle porte une robe longue blanche, un diadème et des gants de soirée rehaussés de brillants. « On aurait juré Cendrillon », dit-elle un demi-siècle plus tard, les pupilles allumées. Elle n'est pas peu fière quand le commandant la fait appeler, le lendemain. « Vous ne pouvez pas être plus élégante que la femme du gouverneur, lui dit-il. La prochaine fois, habillez-vous plus discrètement. »

Parmi les hommes du bord, elle ne manque pas de courtisans. Pourquoi cède-t-elle à la demande en mariage de Morris Lévy, sous-officier à la fine moustache et à la réputation de noceur ? Parce qu'il lui fait miroiter qu'ils voyageront toute leur vie, dit-elle. Parce qu'elle croit épouser un aventurier, sous prétexte qu'il est d'origine turque et se sent chez lui dans tous les ports.

Elle raconte que dès le surlendemain de leur nuit de noces, il était déjà dans le lit d'une autre. Elle confie que cet homme l'a profondément déçue, qu'elle a très vite cessé de l'aimer, et cependant, au détour d'une anecdote, elle laisse tomber cette petite phrase, comme un aveu : « Mais j'étais fière de m'appeler Lévy ! »

Pourquoi ? Pourquoi est-elle fière, à vingt-deux ans, de s'appeler Lévy ? Elle ne saurait pas le dire. Elle ne trouve aucune explication à cet orgueil soudain d'être prise pour une Juive. Aucune justification. Pas encore.

Mais tout se passe comme si son inconscient se félicitait de cette nouvelle identité. C'est bien sûr l'opportunité d'en finir avec ce nom de De Wael, qu'elle a « toujours voulu oublier », dit-elle dans un souffle, comme s'il était associé à un chagrin pour lequel elle n'a pas de mots. Et puis c'est sans doute la promesse de nouvelles racines, d'une place quelque part, mais de cela elle n'a qu'un vague pressentiment.

Si vague qu'elle ne fait pas encore le lien entre ce nom de Lévy et l'appartenance à une communauté religieuse. Quand leur fils vient au monde, le 25 octobre 1962, elle le fait baptiser, comme elle le fut elle-même, à l'église Saint-Luc d'Anderlecht.

Elle a vingt-cinq ans. Elle n'a alors de juif que le nom. Sur l'arbre généalogique de l'album de naissance de son fils, Morris junior, elle note que ses grands-parents maternels sont Robert De Wael et Germaine Donvil. Et elle colle leurs deux photos. Ils ne sont pas encore Reuven et Gerusha, le père et la mère qu'elle se donne dans *Survivre avec les loups*, victimes juives de l'holocauste, sans visages et sans patronymes.

Reuven et Gerusha, les grands-parents qu'elle donnera bientôt à son fils, après avoir fait disparaître son album de naissance, comme toutes les traces des De Wael.

11

C'est sous le nom de Lévy qu'elle se fait embaucher chez Bull au milieu des années 1960. Elle ne vit plus avec le père de son fils mais garde son nom. Elle a renoncé aux grands transatlantiques pour élever Morris junior qu'elle confie dans la journée à la concierge de l'immeuble où elle travaille.

Elle est réceptionniste-téléphoniste. De l'institutrice aguicheuse et ronde qui servait sur les paquebots, il ne reste qu'une jeune femme à la silhouette anorexique et au sourire volontiers gouailleur. Si on la regarde curieusement, ça n'est pas seulement du fait de sa maigreur et de ses manières imprévisibles – un jour charmante, l'autre comme prête à vous sauter à la gorge –, mais c'est qu'elle change de prénom comme de boucles d'oreilles. Un matin elle est Tania, le mois suivant, Thalassa, et soudain Misha. Tania Lévy. Misha Lévy.

Il lui restait à se débarrasser de ce prénom de Monique qu'elle a en horreur, dit-elle. Eh bien, c'est fait. Mais pourquoi choisit-elle pour le remplacer des prénoms à consonance slave ? Parce qu'elle a vu, explique-t-elle, ces images fameuses des soldats de l'armée Rouge plantant le drapeau soviétique sur le fronton du Reichstag, et qu'elle aurait tellement voulu y être, tellement voulu participer à cet écrasement de l'Allemagne haïe. Elle nourrit pour les Russes une admiration sans bornes, une forme de culte, auquel se mêle, plus secrètement, l'espoir qu'ils aient sauvé sa mère et que peut-être elle lui reviendra un jour.

Mais sur quoi fonde-t-elle cette illusion ? Sur ce qu'elle sait de la libération des camps par l'armée Rouge, et sur ce qu'elle a entendu dire de la libération de Ravensbrück par son grand-père. Dans des confidences à voix feutrée faites à des gens de passage. Elle se rappelle qu'Ernest ne croyait pas aux témoignages sur la mort de Germaine, qu'il disait ne pas avoir confiance en ces femmes qui prétendaient l'avoir vue mourante. C'est à partir de là qu'elle a commencé à se raconter que sa mère avait peut-être refait sa vie en Russie, et qu'elle, Monique, pouvait bien avoir là-bas quelques demi-frères et sœurs… Bien sûr, c'est un rêve, c'est à peine avouable, mais c'est une histoire qui lui trotte dans la tête tandis qu'elle est enfermée chez Bull.

Comme on ne sait jamais quel prénom lui donner, on l'appelle « la Lévy » pour simplifier. Elle ne se dit pas encore juive à cette époque, et donc elle se rappelle parfaitement sa surprise le jour où une employée juive est venue lui offrir du pain azyme.

« Mais je ne suis pas juive ! » s'est-elle exclamée.

L'autre a semblé désolée, non pas de s'être trompée, mais de devoir assister à ce reniement.

Quand, plus tard, devenue Misha Defonseca, Monique De Wael a prétendu être juive, la même femme lui a exprimé son soulagement :

« Ah ! Je suis contente que tu le reconnaisses enfin, parce que maintenant je peux bien te le dire : j'ai eu honte pour toi le jour où tu n'as pas voulu de mon pain azyme. »

Depuis qu'elle porte ce nom de Lévy, on dirait qu'une main invisible la pousse dans les bras de la communauté juive. Quelle émotion recherche-t-elle en retournant avec son petit Morris chez les commerçants du quartier juif, marchant ainsi sur les pas de Marthe qui l'emmenait elle-même là-bas, vingt ans plus tôt, pour recueillir la compassion des survivants de la Shoah ? Quelle émotion recherche-t-elle ? On lui dit : « Bonjour, madame Lévy », on l'accueille avec respect et chaleur. Et maintenant, c'est elle qui bavarde à voix basse, tandis que Morris patiente et s'ennuie, comme elle s'ennuyait elle-même petite. Elle dit que ses deux parents sont morts dans les camps, elle prononce le nom de Ravensbrück, et on a pour elle des mots de réconfort et de consolation qui viennent du cœur.

Elle ne sait plus précisément à quelle occasion elle épingle une kippa sur la tête de son fils. La première fois, c'est peut-être pour la Pâque chez les Werner, ou chez les Nathan, deux petits camarades de « l'école gardienne », la maternelle. Et peut-être est-ce la mère de l'un ou l'autre qui, voyant que Morris a oublié sa kippa, en a tendu une à Tania-Monique pour qu'elle la lui mette.

Un jour, elle est prévenue qu'un monument dédié aux victimes de l'Holocauste va être honoré à Anderlecht. Elle vient à la cérémonie avec son fils, parce qu'elle se sent « concernée », dit-elle. Elle a tant d'amis juifs ! On la reconnaît, on sait qu'elle est une orpheline de la Shoah, et on la prie donc de venir s'asseoir dans les premiers rangs, avec Morris. C'est un geste qui la touche aux larmes, peut-être la première fois qu'on lui porte autant d'attention, de considération, et cette cérémonie marque une étape importante dans sa métamorphose.

Elle croit se souvenir que c'est un peu plus tard, quand elle vivra en Hollande avec Maurice Defonseca, son second mari, qu'elle entre pour la première fois dans une synagogue. Mais Maurice se rappelle que lors d'une de leurs promenades dans Bruxelles, au tout début de leur histoire, elle l'a fait arrêter un jour devant la grande synagogue :

> « Tiens, regarde, lui a-t-elle dit, je viens souvent me recueillir ici pour retrouver mes parents. »

« Pour moi, dit-il, elle était évidemment juive. »

C'est le 13 mai 1968 qu'elle rencontre Maurice Defonseca. Un lundi. La veille, le dimanche, elle a fêté seule ses trente et un ans. Pas un coup de fil, pas une petite carte, pas une fleur, rien. Elle se dit que si c'est comme ça, elle se le souhaitera toute seule son anniversaire, en boîte de nuit, le lendemain, et elle se couche en colère contre le monde entier.

Le lundi matin, elle enfile sa plus belle robe pour aller au bureau. Elle se promet que le soir, on va voir ce qu'on va voir. Gare aux hommes qui se laisseront attraper, ceux-là paieront pour toute la Belgique. Oui, mais au fil de la journée, elle se sent de plus en plus déprimée. Il n'y a donc pas une âme dans ce pays pour l'aimer un peu, qu'elle se retrouve seule à l'âge où toutes les femmes sont des reines ?

Elle finit par appeler un vague copain au secours, depuis son bureau.

« C'était mon anniversaire, hier, je n'ai vu personne. Tu ne veux pas sortir avec moi, ce soir ?

— Pour tout te dire, j'avais prévu autre chose. »

Elle insiste. Elle sent qu'elle ne va pas avoir la force de sortir toute seule, finalement.

« D'accord, dit-il. Tu peux patienter ? Je vais voir si je peux annuler... »

Elle est en train de patienter, le téléphone collé à l'oreille, quand se présente Maurice Defonseca. Elle l'a déjà croisé trois ou quatre fois, c'est un grand jeune homme un peu timide, mais il est déjà, à l'époque, l'un des directeurs de la maison.

« Oui, fait-elle en le dévisageant, c'est pourquoi ?

— Vous ne seriez pas libre un de ces soirs, par hasard ? J'ai pensé qu'on aurait pu...

— Ce soir ! Je suis libre ce soir !

— Eh bien parfait. Je vous emmène dîner. »

Elle est tellement contente qu'elle raccroche au nez de l'autre.

« Choisissez bien le restaurant, lance-t-elle, quand Maurice tourne les talons, c'est mon anniversaire.

— Vraiment ? Alors, je ne pouvais pas mieux tomber ! »

Monique-Tania Lévy, qui prend pour cette belle occasion le prénom de Misha, ne pouvait pas mieux tomber non plus. Car Maurice Defonseca est de ces hommes que l'amour rend altruiste et généreux. Il est séduit par le regard effronté de la petite réceptionniste, par ses manières si peu conventionnelles, lui qui est sorti de l'université avec un master en « business administration » et qui, depuis, porte sagement le costume trois-pièces.

« Je crois qu'au début je l'ai beaucoup choqué, raconte Misha. On se promenait dans la forêt, j'avais brusquement envie de faire l'amour, et je lui disais : "Viens, on va se déshabiller et s'allonger dans l'herbe. – Tu es folle ! Et si quelqu'un nous voyait ? – Qu'est-ce qu'on en a à faire des autres ? Vite, déshabille-toi !" »

Maurice est choqué, oui, mais en même temps ravi et bouleversé par cette façon instinctive, « animale », dit-il, d'exprimer son désir et de l'assouvir dans l'instant, comme si la vie se déroulait dans une sorte d'état sauvage où rôderait en permanence le spectre d'un prédateur. Et qu'il faille jouir de tout, vite, avant d'être anéantis.

Il n'est pas un homme à poser des questions, il est bien trop pudique, il ne demande pas qui est le prédateur, mais il le découvre petit à petit à travers les cauchemars de sa jeune compagne qui l'arrachent au sommeil presque toutes les nuits. Il évoque des crises d'une rare violence, où parfois Misha le mord au sang quand il la prend dans ses bras pour chasser les démons.

Ensuite, elle parle, dans une grande confusion, de la cruauté des Allemands, de l'arrestation de ses parents, de la peur de sa grand-mère le jour où elle a traité le soldat de « sale Boche », des peluches qui la rassurent, d'une forêt imaginaire dans sa chambre d'enfant, d'un voisin juif qui rentrait des camps et que Marthe avait reçu chez eux. « Il était si maigre qu'on aurait dit un mort sorti de sous la terre. » Elle dit que si elle ne tue pas les Allemands la première, ce sont eux qui vont la tuer. Elle dit qu'elle voudrait tous les tuer, oui, à coups de couteau, et elle mime le geste, comme elle voudrait tuer la Virago qui l'aurait livrée aux Allemands si elle avait pu, prétend-elle dans son délire…

Maurice l'écoute, la berce et la console. Il constate qu'elle ne s'endort jamais sans ses animaux en peluche, comme si une partie d'elle-même, touchée dans la petite enfance, avait cessé de grandir. Il devine, il comprend. Il est incapable de dire dans quelles circonstances elle lui a appris que ses parents se prénommaient Reuven et Gerusha, et qu'elle n'avait jamais connu leur patronyme. Il lui semble qu'il l'a toujours su. Il se rappelle, cependant, avoir demandé à Misha d'où lui venait ce nom de De Wael, et sa réponse : « C'est un nom qu'on m'a attribué pour me protéger, après l'arrestation de mes parents. »

Ne veut-elle pas essayer de découvrir son véritable nom ? Si, bien sûr. Alors, avec ce calme et cette efficience qu'il met en tout, Maurice entreprend de rechercher la véritable identité de cette femme qu'il aime de plus en plus, au fil des mois. Il écrit au gouvernement, aux organisations juives, aux Amicales des rescapés de l'Holocauste, et toutes les réponses qu'il reçoit sont à peu près les mêmes : avec seulement deux prénoms, on ne peut pas vous aider.

Au début, elle habite avec son fils chez Maurice Defonseca. Puis, plutôt que de payer un loyer, ils décident de vivre tous les trois rue Ysewyn, dans l'appartement laissé à Monique par son grand-père. Ils sont désormais Lévy et Defonseca sur la boîte aux lettres.

Un jour, on leur dessine à la craie une étoile juive sur leur porte, et elle appelle aussitôt la police.

> « Ce sont des gamins, constate un des inspecteurs.
>
> — Peut-être, mais ce sont les parents qui leur fichent ces saloperies dans la tête.
>
> — Qu'est-ce que vous voulez qu'on fasse contre ça ?
>
> — Quoi ! Vous osez me dire ça à moi, qui ai perdu mes deux parents dans les camps ! »

Les policiers s'excusent. Elle les prévient que s'ils ne cherchent pas le ou les coupables, elle s'en chargera elle-même.

Quand elle retrouve une autre étoile de David sur sa porte, elle pique une colère magistrale et avertit Maurice que la prochaine fois, elle va « prendre un fusil et flinguer tout le monde par ici ». Et elle le crie suffisamment fort, dans la cage d'escalier, pour que les voisins se le tiennent pour dit. C'est après cette scène que les enfants l'appellent la « youpine », et le voisin du dessus, qu'elle a copieusement insulté parce qu'il inondait son balcon en arrosant ses fleurs, la « sale youpine ».

Quand Israël gagne l'Eurovision, en 1978, elle ouvre grand sa baie vitrée et fait jouer l'hymne de l'État juif à plein volume.

Un matin, en se réveillant, elle dit à Maurice qu'elle va apprendre l'hébreu, la langue de ses parents.

Aussitôt, il abonde. Il pense qu'elle doit retrouver ses racines pour aller mieux. Il n'a pas pu l'aider à découvrir son identité, mais il va l'aider pour l'hébreu. Il déniche l'école et, pour qu'elle ne soit pas seule à faire ce long pèlerinage vers la mémoire enfouie des siens, il s'inscrit avec elle. Il n'est pas juif, il ne croit en aucun Dieu, mais il saisit toutes les occasions de partager chagrins et joies avec cette femme qui a complètement chamboulé sa vie si bien ordonnée.

Ensemble, ils progressent vite, et après une année ils sont capables d'avoir des conversations en hébreu.

C'est alors qu'il a l'idée d'un voyage en Israël. Elle savait combien Maurice lui était attaché, dévoué, mais avec cette proposition elle prend la mesure de son amour. « Il faut qu'on m'aime complètement, exclusivement, dit-elle, et qu'on me le répète tous les jours, sinon je n'y crois pas. J'ai trop manqué d'amour, je ne veux pas d'un amour à moitié. » Celui de Maurice est sans limites, et elle sait maintenant qu'elle le trouvera toujours à son côté, complice malgré lui d'une aventure – cette fable de la judéité – qui est en train de la sauver, de lui donner vie et lumière.

À Jérusalem, et pour la première fois de son existence, elle se sent enfin une place sur la terre. Fière d'être orpheline, elle qui en avait honte, fière d'être survivante parmi ce peuple de survivants. « Ce voyage, dit-elle aujourd'hui, c'est le plus beau de toute ma vie. » Ça y est, elle n'est plus « la fille du Boche », elle n'est plus une De Wael, et elle ne le sera plus jamais, songe-t-elle, glissant dans un interstice du mur les noms de ses parents tant aimés, Reuven et Gerusha. Ce geste, c'est comme la promesse d'une nouvelle vie, comme le début de sa réincarnation.

Maurice Defonsecca, qu'elle va bientôt épouser, est l'auxiliaire indispensable de cette renaissance. Le miroir qui lui renvoie l'image de l'orpheline juive, victime de la barbarie nazie, à laquelle elle s'accroche désormais pour survivre. Maurice ne s'étonne pas qu'elle soit seule au monde, qu'elle n'ait aucune famille, ni oncle, ni tante, ni cousins lointains, et puisqu'elle dit que ce nom de De Wael, qui figure sur ses papiers d'identité, n'est qu'un nom d'emprunt, comme en ont porté tant d'enfants juifs, il ne va pas chercher plus loin. Pourtant, il lui aurait suffi d'ouvrir le bottin du téléphone, comme le fera trente-cinq ans plus tard le journaliste du *Soir*, pour tomber sur Emma De Wael. On imagine alors sa stupéfaction, en écho à la surprise de Poupoule : « Monique ? Mais Monique n'est pas juive ! De Wael est le nom de ses parents, son véritable nom. On l'appelait "la fille du traître", figurez-vous… »

Car ni Poupoule ni sa mère, Eva De Wael, n'ont encore perdu le contact avec Monique. Quelques mois après la naissance de Morris junior, Monique est venue présenter son fils à Eva. Poupoule était absente cet après-midi-là, mais elle se rappelle l'exclamation de sa mère en rentrant le soir : « Devine qui est venu ? Monique ! Elle est mariée et elle a un petit garçon. Elle voulait me présenter l'enfant… » On se figure bien la scène sous la brièveté des mots – Monique revenant vers les siens parce qu'elle est fière de montrer son petit garçon. Mais derrière la surprise d'Eva, on devine combien se sont distendus les liens avec la fille de Robert et de Germaine. Eva ne savait même pas que Monique s'était mariée... Comme si la jeune femme, incarnation d'une honte indélébile pour sa famille, avait été silencieusement bannie au fil des années de l'après-guerre.

Pour Maurice, s'il reste à Misha des bribes de famille, elles sont à jamais perdues, puisque Gerusha est d'origine russe, Reuven d'origine allemande, croit-il, et qu'il n'a pas pu découvrir leurs noms patronymiques.

En dépit de cette béance, il poursuit le dessein de réconcilier sa femme avec la vie, avec l'humanité et, après le pèlerinage en Israël, il propose un voyage en Allemagne. Misha refuse. Elle dit qu'entendre seulement la langue de ce pays la rend malade. Mais Maurice a passé quelques mois outre-Rhin quand il était étudiant, et il la convainc que les Allemands n'ont plus rien à voir avec les soldats terrifiants dont elle a gardé le souvenir.

Ils partent pour huit jours, en famille, avec Morris junior et le chien sur la banquette arrière. Misha est silencieuse et tendue. Ils passent la frontière et entrent bientôt dans une brasserie pour se désaltérer. Maurice retient son souffle. Si le premier contact est bon, pense-t-il, Misha va se détendre et commencer à s'ouvrir à l'Allemagne nouvelle. Il demande un peu d'eau pour le chien.

> « Les chiens ne sont pas admis ici », rétorque sèchement la patronne.

Misha sait assez d'allemand pour comprendre. Elle explose. Dans une langue à elle, où entrent des mots de flamand, de russe et d'allemand, elle explique à cette femme qu'un chien vaut mieux à ses yeux que dix Allemands. Maurice a beau la connaître, il est sidéré par sa violence. Il s'interpose, tente de la raisonner, l'entraîne vers la voiture.

Mais elle est encore très remontée en arrivant à l'hôtel.

« Il te plaît, ce tableau ? demande-t-elle à Maurice en montrant la toile suspendue au-dessus du lit.

— Beaucoup !

— Eh bien, nous allons le décrocher et l'emporter, comme ils ont fait chez nous.

— Misha ! Par pitié… »

Elle renonce au tableau. Accepte de descendre au restaurant pour dîner. Maurice a bien fait les choses, ils sont au bord du Rhin, dans la beauté grandiose et silencieuse d'un soir d'été. Il n'a négligé qu'un seul détail, la voie ferrée qui passe à proximité de l'hôtel.

Au premier train, ça ne rate pas.

« Tu entends ? Ils n'ont pas changé, ce sont des spécialistes des convois ferroviaires… »

Le lendemain, ils se promènent en ville. Il l'attire dans une bijouterie, veut lui offrir une chaîne en or.

« Certainement pas, dit-elle, je ne veux pas d'un bijou fait avec les dents de nos morts. »

« Ça devenait de plus en plus épouvantable, se souvient Maurice, et nous sommes rentrés chez nous le jour même. »

12

La joie de Misha, le jour où Maurice est nommé directeur pour toute la Hollande de Bull Honeywell ! Elle avait épousé Morris Lévy parce qu'elle pensait qu'il l'emmènerait loin de la Belgique, parce qu'elle lui supposait une âme d'aventurier, et le voyage s'était achevé à Bruxelles. Avec Maurice Defonseca, elle réalise enfin son rêve d'adolescente : quitter la Belgique, ce pays pour lequel elle éprouve la même aversion que pour son nom. L'un et l'autre sont étroitement associés dans son esprit : ils ne lui ont apporté que le chagrin, la honte et la solitude.

À Amsterdam, où elle n'a aucun risque de croiser un jour l'un des fantômes de son passé – désormais mis au secret –, elle se détend pour profiter enfin de la vie et de sa nouvelle condition. Elle est maintenant l'épouse d'un homme important, qui gagne confortablement sa vie et peut lui offrir une maison raffinée avec un jardin où s'ébattent ses chats et son chien Jimmy. Elle roule en

Jaguar, elle est Mme Defonseca, Misha pour ses amis, et, comme elle n'a plus besoin de travailler, elle se préoccupe des relations sociales à l'intérieur de l'entreprise. Elle se fait la porte-parole des mécontents, arrange les problèmes de l'un ou l'autre en intervenant auprès de Maurice, organise des réceptions dont ne sont jamais exclues les petites mains, et elle contribue ainsi à la bonne image et au succès de son mari.

Tous les vendredis, elle se rend à la synagogue, et Maurice l'y accompagne la plupart du temps. Ils ont pris soin de se présenter au rabbin. Maurice a écouté Misha parler à cet homme de la disparition de ses parents, Reuven et Gerusha, dans les camps de la mort. Le rabbin Defonseca – un homonyme –leur a ouvert grand les bras. Il ne s'est pas douté une seconde qu'ils n'étaient juifs ni l'un ni l'autre.

« J'aurais suivi Misha de la même façon à l'église, ou à la mosquée si elle avait été musulmane, dit Maurice. Ce qui comptait, pour moi, c'était de l'aider à entrer en communion avec ses parents, et je voyais qu'elle y parvenait. Elle revenait transformée de la synagogue, sereine, souriante, comme en paix avec elle-même et avec ses semblables. »

En 1985, après bien des demandes, et toujours pour satisfaire Misha, Maurice obtient enfin un poste aux États-Unis. Misha est folle de joie. Quitter à jamais l'Europe maudite pour l'Amérique lui paraît être un cadeau du ciel, le plus beau cadeau qu'on puisse lui faire.

C'est Honeywell, dont Maurice est nommé directeur à Boston (Massachusetts), qui paie le déménagement. Et quel déménagement ! On jurerait que les Defonseca fuient le Vieux Continent avec l'intention de ne plus jamais y remettre les pieds. Misha emporte tout ce qui lui appartient, jusqu'au secrétaire de son grand-père, celui dans lequel elle a découvert trente ans plus tôt les photos et les lettres de ses parents. Ces dernières reposent maintenant dans un petit coffre en bois qu'elle pourrait fort bien abandonner au fond d'une poubelle à la faveur de ce remue-ménage. Mais non, elle embarque également le petit coffre, comme si elle n'était pas complètement convaincue par sa nouvelle identité, comme si elle se réservait la possibilité de revenir un jour aux siens, à Robert et Germaine, aux De Wael. Quant aux photos, cachées depuis si longtemps ici ou là, entre les pages d'un almanach ou parmi de vieilles factures, elle feint de les ignorer et les enfourne telles quelles dans ses valises.

Le chien Jimmy, les cinq ou six chats et la Jaguar blanche sont aussi du voyage.

Les Defonseca emménagent à Millis, dans la banlieue huppée de Boston. Ils ont découvert le rêve secret de Misha : une haute et belle villa en bois, ouverte sur un vaste gazon et adossée à la forêt. La maison était grise, Misha la fait aussitôt repeindre en jaune, de la couleur du soleil, de l'espoir, de la vie. Et puis, au contraire de ses voisins américains, elle fait enclore le jardin pour que ses chats et son chien se sentent chez eux. Sauf à l'arrière, où elle ne veut aucune barrière entre sa maison et la forêt, à l'inverse encore de ses voisins. Là, elle installe de quoi nourrir et réconforter ses amis de toujours : mouffettes, sangliers, cerfs, renards, écureuils, ragondins, oiseaux et chauves-souris… Après quelques mois, ils n'ont plus peur d'elle, viennent se restaurer à découvert, et elle peut les approcher au milieu de la nuit, imiter leurs cris et leur parler tendrement, comme elle le faisait avec ses animaux en peluche, sous son lit d'enfant, à Anderlecht.

Tandis qu'on aménage sa maison, Misha se cherche un nouveau lieu de culte. Elle a besoin du recueillement d'une synagogue pour entrer en communion avec ses parents, mais elle ne parle pas encore anglais et, au début, elle se perd au volant de sa nouvelle Chevrolet. Enfin, on l'envoie à Holliston, au temple Beth Torah, et elle prend l'habitude de s'y rendre tous les vendredis soir, avec ou sans Maurice.

Les premiers temps, elle s'assoit seule au fond, près de la porte. Elle comprend suffisamment l'hébreu pour suivre la lecture des textes sacrés, mais elle ne s'attarde pas à la sortie du fait de son mauvais anglais.

Elle apprend vite, cependant, et le jour où le rabbin Friedman, qui l'a repérée, lui demande de s'approcher, avec un grand sourire de bienvenue, elle se présente en quelques mots à la communauté. Elle ne parle pas, ce soir-là, du destin tragique de ses parents. Elle dit juste qu'elle arrive d'Europe, que sa mère était d'origine russe, son père d'origine allemande, tous deux juifs, bien entendu, et qu'elle s'appelle Misha Defonseca.

Pressent-elle qu'elle suscite une vive curiosité de la part d'Américains qui n'ont pas vécu la guerre en Europe ? De la part d'une communauté juive qui ne se pardonnera jamais, dit-elle aujourd'hui, de ne pas avoir fait plus pour ses coreligionnaires massacrés par les nazis ? Pour « *Yom ha Shoah* » (le jour de la Shoah), elle se lève et raconte pour la première fois l'« histoire secrète » de son enfance.

Maurice est présent, ce soir-là, et c'est pour lui un choc inoubliable. Il croyait connaître sa femme, il savait son père et sa mère disparus dans les camps, il avait éprouvé ses cauchemars, sa solitude, sa haine des Allemands, mais jamais Misha n'avait évoqué devant lui sa traversée de l'Europe en guerre, à pied, enfant, sur les traces de ses parents. Jamais.

« C'était très fort, dit-il sobrement. Les gens pleuraient silencieusement, et en même temps ils étaient suspendus aux lèvres de Misha. On sentait qu'elle n'avait jamais raconté cette histoire, et qu'elle se libérait en le faisant. Elle revivait devant nous ses souffrances d'enfant perdue, ses peurs, ses terreurs, et tous ses mots sonnaient juste. Il aurait fallu être né sans cœur pour ne pas être bouleversé par son récit. »

Du jour au lendemain, Misha Defonseca prend une place à part dans la petite communauté juive d'Holliston. Elle est considérée comme une authentique rescapée de la Shoah, même si les Allemands ne l'ont jamais arrêtée. Un des rares témoins vivants de l'horreur, surgie dans cette Amérique où l'on ignore l'antisémitisme, s'étonne-t-elle, au point de ne même pas protéger les synagogues. Aussitôt, on associe son nom dans les conversations à ceux des plus grands, Isaac Bashevis Singer, ou Elie Wiesel, qui ont tant contribué à ouvrir les yeux des Américains sur la tragédie des Juifs d'Europe.

Pudique et discret, Maurice ne cherche pas à en savoir plus. Il pense avoir découvert l'origine des cauchemars de sa femme, et en particulier l'origine des morsures qu'elle lui a si souvent infligées dans son sommeil. Jetée dans une Europe à feu et à sang, Misha n'aurait jamais dû survivre, songe-t-il, et, si elle y est parvenue, c'est qu'elle a su se défendre avec ses dents, ses ongles, son instinct, sa ruse. Oui, une « enfant sauvage », se dit-il, une enfant devenue sauvage par la force des événements. Alors, avec une émotion qui le déborde, et conforte son amour, il comprend enfin d'où provient cette « animalité » qui l'avait en même temps ravi et gêné chez sa jeune fiancée, au début.

Il avait accepté qu'elle n'ait ni nom patronymique ni famille, puisque De Wael n'était qu'un nom d'emprunt. Il doit maintenant renoncer à une date de naissance aussi fictive que le reste – 12 mai 1937 – bien que cette date figure sur les papiers d'identité de sa femme. C'est vers la fin de l'année 1941, quelque temps après l'arrestation de ses parents, que Misha dit s'être élancée à leur recherche. Comment imaginer une enfant de quatre ans et demi entreprenant un tel périple ? Non, c'est bien un 12 mai qu'est née Misha, mais trois ans plus tôt, en 1934. D'ailleurs, elle se souvient parfaitement de « la Virago », cette femme qui l'a recueillie contre de l'argent, cette femme épouvantable aux cheveux mauves, lui imposant un matin sa nouvelle identité : « Je vais t'emmener faire des photos. À partir de maintenant, tu t'appelles Monique et tu as quatre ans. – Non, proteste-t-elle, j'ai sept ans. Pourquoi est-ce que j'aurais quatre ans ? – Je n'ai pas d'explication à te donner, tu es Monique, tu as quatre ans, mets-toi bien ça dans la tête. »

Maurice ne pose pas de questions, et quand la remplaçante du rabbin Friedman, Yochevet Heiligman, téléphone chez eux pour dire que la communauté juive de la célèbre Brandeis University souhaiterait inviter

Misha, il ne dissuade pas sa femme d'y aller. Il a vu combien elle s'était sentie apaisée après avoir témoigné, la première fois, et il pense qu'elle doit continuer à parler, qu'elle doit trouver la force de tout dire pour se réconcilier définitivement avec les hommes qui lui ont fait tant de mal.

Elle est très tendue à la perspective de recommencer, et c'est alors qu'elle a l'idée d'écrire le texte de sa conférence. Non pas tout, car elle est bonne oratrice, et Maurice l'incite à se « laisser aller », à écouter parler son cœur plutôt que sa raison, mais certains passages, de façon à ne pas perdre le fil « quand l'émotion est trop forte », dit-elle. Elle rédige donc les grandes lignes de son propos et, pour lui faciliter les choses, Maurice traduit son récit en anglais, ainsi n'aura-t-elle pas à chercher ses mots.

« Je suis née à Bruxelles, et mes parents ont dû se cacher, écrit-elle. Ils ont été arrêtés, j'étais à l'école où j'ai attendu en vain que mon père vienne me chercher. Ma mère m'avait expliqué qu'une personne étrangère pourrait venir à la place de mon père et que je devais l'accompagner – je ne pensais pas que cela arriverait un jour.

« J'apprendrai bien plus tard que ces arrangements avaient été faits par mes parents. J'ai donc échoué dans une famille qui ne m'aimait pas, c'est le moins qu'on puisse dire, et qu'en place de me protéger, on préfère me rendre misérable.

« Mes parents me manquaient atrocement, alors un soir j'ai décidé d'aller à leur recherche, de les retrouver, de triomphalement leur montrer combien j'étais forte. Je n'aimais qu'eux.

« J'ai donc fait un plan de fuite : une petite couverture, deux pommes, un petit couteau, un pain, un petit cabas, un tout petit compas.

« J'avais sept ans, et puisqu'on m'avait dit que mes parents étaient à l'est, va pour l'est.

« J'ai survécu parce que je n'ai fait confiance à personne, parce que j'ai évité le contact avec les humains, et, quand c'était inévitable, j'ai joué la muette.

« J'ai survécu, parce que j'ai fait confiance aux animaux, ils me protégeaient, et dans certaines circonstances ils m'ont sauvée de l'ennemi. Grâce à leur habileté à trouver à manger et à boire, ils m'ont aidée à me nourrir et à étancher ma soif.

« J'aime l'odeur de leur fourrure dans laquelle j'enfonce mon visage. Ils m'ont donné la chaleur de leur corps en hiver, mais aussi une chaleur tendre à un moment où il n'y en avait plus aucune dans le cœur des hommes. »

Et c'est alors qu'interviennent les loups. Jamais Misha n'avait même évoqué devant Maurice son affection particulière pour cet animal, or voilà que le loup prend soudain la première place dans son récit. Celle du sauveur.

« Pendant ma longue errance à la recherche de mes parents, poursuit Misha, il m'est arrivé de vivre par deux fois avec des loups.

« La première fois, je venais d'avoir été surprise par un paysan polonais, je lui avais échappé, mais il m'a jeté une pierre qui m'a atteinte au milieu du dos. Quand on court pour sa vie, on court. À l'abri des bois, j'ai pu me laisser choir, et j'ai crié. C'était plus un hurlement de douleur qu'un cri, et soudain j'ai eu le sentiment qu'on m'observait. Je me retourne, et là, à quelques enjambées, j'aperçois ce magnifique animal que je prends d'abord pour un très grand chien. Je suis seule, je souffre, je n'ai qu'une envie : avoir cet animal près de moi. Alors, je lui jette quelques morceaux de viande de mes vols de la journée.

« Cela a pris longtemps de se rapprocher l'un de l'autre. On marchait en parallèle, il disparaissait, revenait comme l'éclair, hurlait. Et moi, j'imitais. Cela a duré. Puis, un soir, on s'est retrouvés l'un à côté de l'autre. C'était une femelle. Sa chaleur dans mon dos fut le début d'un grand et puissant amour.

« Quand nous marchions, elle était anxieuse de me voir traîner derrière elle. Même en marchant vite, je n'étais pas assez rapide pour elle. Alors, elle revenait sur ses pas, m'attrapait par mes vêtements et me traînait avec elle. Je finissais régulièrement pleine de griffes, mais heureuse d'être considérée comme son petit.

« Grâce à elle, il y avait quelqu'un dans ma vie, elle remplaçait le vide laissé par maman. Grâce à elle, il y avait des jeux et une présence rassurante, toutes choses que j'avais oubliées.

« Hélas, l'homme, toujours lui, est venu interrompre ce bonheur. Un homme l'a tuée ! Je crois qu'à ce moment précis j'ai fait l'apprentissage de la haine.

« L'homme m'apprenait la haine. L'animal m'avait appris l'amour. »

Après s'être inventée juive, orpheline de la Shoah, Monique De Wael, alias Misha Defonseca, s'invente donc une odyssée. En réalité, elle ne fait que transposer en une fiction grandiose et terrifiante ce qu'elle se racontait petite fille, sous son lit, dans sa forêt imaginaire peuplée de peluches. Elle avait quatre ans et demi, on lui avait pris son père et sa mère, et les seuls êtres capables de la protéger de la méchanceté des hommes, de la réconforter, n'étaient pas ses grands-parents, qui refusaient obstinément d'évoquer devant elle le sort de ses parents, mais bien ses animaux, qui lui faisaient un rempart, et lui prêtaient invariablement une oreille attentive et compatissante.

Elle convient que c'est là, sûrement, sous son lit d'enfant, qu'il faut aller chercher les prémices de cette fable qui va bientôt faire le tour du monde : son attirance pour la forêt habitée de compagnons au cœur tendre. Bien des années plus tard s'ajoute la tentation de partir vers l'est, à la rencontre de ses parents disparus, au cours d'une scène déjà évoquée. La guerre est finie depuis longtemps, elle est adolescente et vit alors chez sa tante Marguerite De Wael, dite « la Virago », quand la traverse cette idée de remonter la trace d'un bonheur anéanti. « J'étais assise à l'arrière de la voiture, se rappelle-t-elle. Nous roulions dans une forêt. J'ai vu un chemin qui partait sur la droite entre les futaies, et soudain je me suis imaginé qu'en le suivant je retrouverais mes parents, ou au moins un indice qui me permettrait de savoir ce qu'ils étaient devenus. Puisque personne ne m'avait encore dit qu'ils étaient morts. »

Elle n'oubliera jamais cette vision du chemin fendant la forêt, et le désir intense qui s'était emparé d'elle de s'y engager, et de courir, de courir, comme si une voix lointaine l'avait appelée. « Viens, c'est par là ! » Ce chemin l'aurait-il menée jusqu'à cet est mystérieux où il lui arrivait d'imaginer son père et sa mère l'attendant ? Oui, elle le croit, veut le croire, comme à un signe du ciel qu'elle n'aurait pas su saisir. C'est en y repensant, plus tard, qu'elle se rappela la petite boussole, enkystée dans un coquillage, que lui avait donnée Ernest, son grand-père. Sur ce chemin, avec cette boussole, se dit-elle alors, elle aurait été certaine de marcher dans la bonne direction…

Parvenue à l'âge de cinquante ans, Misha Defonseca rassemble soudain pour son auditoire les pièces éparses du puzzle de sa mémoire pour donner enfin corps à ce rêve impossible, qui la hante depuis sa petite enfance : partir à la recherche de ses parents. Un peu comme Alice, l'héroïne de Lewis Carroll, elle trompe le temps et l'espace, se projetant directement de la forêt peuplée de peluches de ses quatre ans à la sombre forêt ukrainienne où des soldats allemands, plus vrais que nature, exécutent des enfants de son âge d'une balle dans la nuque. Et par quel miracle en réchappe-t-elle ? Grâce aux animaux, bien sûr, ceux-là mêmes qui l'ont empêchée, à l'automne 1941, de mourir de chagrin.

Grâce aux animaux, oui, et grâce aux loups en particulier. Elle n'a jamais fréquenté de loups, elle n'a même pas pris la peine de se documenter pour savoir si une louve adopterait une enfant de sept ou huit ans (si elle l'avait fait, elle n'aurait sûrement pas raconté de telles énormités). Pourquoi prête-t-elle à cette bête, plus qu'à une autre, tant d'intelligence et de vertu ? Sans doute parce qu'elle n'a pas oublié, dit-elle, Ita et Rita, les chiens de sa grand-mère Marthe, contre lesquels elle s'endormait, sous son lit, les soirs où la solitude et l'angoisse la débordaient. Dans le feu du récit, Ita et Rita sont devenus des loups.

La seconde conférence rencontre le même succès que la première. La communauté est sous le choc, en larmes. Maurice, qui s'est assis un peu à l'écart, a le sentiment d'assister à la « libération » de sa femme, ce pour quoi il se bat à son côté depuis le premier jour. Enfin, elle dit tout, songe-t-il, enfin, elle exorcise ses insupportables démons. Elle a donc assisté à la mise à mort d'enfants, elle est entrée dans le ghetto de Varsovie et a été témoin de scènes horrifiantes, elle a tué de ses mains un soldat allemand qui venait de violer une jeune fille… Misha, si forte, si bagarreuse et provocatrice dans le quotidien, n'est plus la même femme au moment d'ouvrir son âme et de dire sa vérité. L'émotion la transcende, elle tremble, peut soutenir un long silence, les paupières soudain closes sur une souffrance qu'on devine indicible, et parfois ses yeux s'embuent, elle qui ne pleure jamais, elle qui s'est toujours interdit de pleurer. « Elle est sauvée, pense Maurice, maintenant, elle va se donner le droit de s'aimer, d'aimer la vie. »

Car les gens l'aiment ! C'est une chose qu'elle découvre au fil de ces deux premières conférences. Elle qui s'était toujours sentie rejetée, jusqu'à ce qu'on la prenne pour une authentique Juive, presque malgré elle, s'aperçoit maintenant que le récit de sa vie lui attire une foule d'admirateurs transis, tous désireux de devenir ses amis. À peine prononcé le dernier mot, le public s'agglutine autour d'elle. On veut la toucher, l'inviter à dîner, l'assurer de son soutien, lui demander un autographe, une photo. On la supplie de revenir, on lui dit que la prochaine fois les enfants des écoles seront présents, qu'il faut absolument que les petits Américains sachent, pour que plus jamais, plus jamais... Et Misha acquiesce. Gravement. « Oui, dit-elle, quelque chose de terrible est arrivé aux Juifs dans le monde, mais quelque chose de plus terrible encore est arrivé aux autres gens, ceux qui étaient aux premiers rangs et ont laissé faire. Si ce que j'ai vécu peut permettre aux jeunes générations d'être plus attentives à autrui, plus généreuses, alors je n'aurai pas souffert pour rien. »

A-t-elle conscience de tromper son auditoire, de mentir ? La question la précipite dans un océan de perplexité. « Mais je ne mentais pas, dit-elle finalement. C'était *mon* histoire, celle que je m'étais racontée au fil des années, celle en laquelle je croyais. C'était mon histoire, je n'en avais plus d'autre. Il me semble que j'ai vraiment tué ce soldat allemand, et aujourd'hui je dois faire un effort pour me persuader que j'ai seulement rêvé de le tuer. Rêvé toute la scène, toute cette aventure, en réalité. »

Elle est devenue un membre éminent de la communauté juive d'Holliston, et c'est pourquoi l'émotion est grande, le 30 juin 1989, lorsqu'elle fait sa bar-mitsva à l'âge de cinquante-deux ans (quand les jeunes filles la font habituellement à douze ans). Elle a osé dire aux rabbins Friedman et Heiligman que son éducation religieuse s'était interrompue à l'arrestation de ses parents, et ils ont aussitôt proposé de « réparer ». Chacun est conscient, ce jour-là, d'assister à la restauration d'un lien sacré rompu par l'Holocauste. Entourée et fêtée comme l'enfant prodigue, Misha confiera aux uns et aux autres avoir enfin retrouvé une famille grâce à cet événement.

Et puis sa réputation grandit, on se raconte son odyssée extraordinaire d'une communauté à l'autre, et les demandes de conférences se multiplient. Misha les accepte toutes. On lui reproche aujourd'hui, parmi tous ses forfaits, d'avoir fait un business de sa monumentale tromperie, et il est exact qu'elle a touché à deux reprises quatre mille dollars pour une conférence, mais il est également vrai qu'elle consent à se déplacer pour rien si ses hôtes n'ont pas d'argent. Car sa motivation profonde va bien au-delà de l'appât du gain. Maintenant qu'elle a goûté à l'ivresse d'être écoutée, aimée, honorée, elle qui a si longtemps supporté l'opprobre, elle ne peut plus s'en passer. Elle a besoin de s'entendre dire et répéter qu'elle a désormais une place parmi les hommes. Et quelle place ! Celle d'une miraculée de l'horreur. Celle d'une icône vivante.

Du statut de victime honteuse, bannie par les siens, déchue de ses droits d'orpheline par la justice de son propre pays, Monique De Wael, devenue Misha Defonseca, est passée en Amérique, par la simple magie d'une fable, au statut de victime exemplaire.

Cette entrée au panthéon des survivants de la Shoah a cependant un prix : puiser chaque fois au fond de soi les mots, et la force de toucher les cœurs. Misha y parvient, revisitant ses souffrances d'enfant perdu dans la guerre avec une telle foi, une telle conviction, que Maurice lui-même en viendra à la supplier de s'épargner.

« Je la voyais replonger dans ses cauchemars avant chaque conférence, raconte-t-il, comme si tout allait devoir recommencer pour elle : les Allemands, les traques, les hurlements, la peur, les morts… C'est vrai, j'avais souhaité qu'elle parle pour soulager sa mémoire. Mais, à présent, je finissais par me demander si tant de souffrance était indispensable. »

13

Est-ce un signe du destin ? C'est encore par le biais d'un animal, son chien Jimmy, son plus fidèle compagnon après Maurice, que Misha rencontre l'éditrice américaine qui va faire connaître son odyssée au-delà de la communauté juive, et bientôt au-delà des frontières de l'Amérique.

C'est une longue histoire, qui commence également dans les larmes.

Le 8 août 1993, Jimmy meurt du diabète. Misha croit devenir folle de chagrin. « Pendant quelques mois, j'ai pensé que notre couple n'y survivrait pas », dira plus tard Maurice. Comme si la disparition de Jimmy lui en évoquait une autre, autrement plus dramatique et jamais cicatrisée, Misha plonge dans la dépression. Elle perd l'appétit, puis le sommeil, et semble ne plus vouloir vivre. Maurice déploie tous ses talents d'imagination et de générosité pour venir à son secours. Il la sort, lui offre toutes les surprises possibles, lui prend rendez-vous chez un thérapeute.

« Il faut faire quelque chose, dit-elle un matin, amaigrie et tremblante, sinon je vais finir par rejoindre Jimmy dans sa tombe. » Cette chose, c'est un grand film dédié à la mémoire de son chien et dont elle a eu l'idée au milieu de sa longue insomnie.

Elle rassemble aussitôt toutes les photos qu'elle a faites de Jimmy depuis la rue Ysewyn, à Bruxelles, jusqu'à Millis, aux États-Unis, en passant par Amsterdam et l'inoubliable voyage en Allemagne où il s'était trouvé une « Walkyrie », comme dit Maurice, pour refuser une écuelle d'eau au sympathique Jimmy. Ce sont au total plus de huit cents clichés.

Elle commence à les disposer sur le sol de son vaste séjour, cherchant la façon la plus tendre et poétique de rendre ce que fut la vie exemplaire de son compagnon. Quand elle est satisfaite de son montage, elle entreprend de composer des poèmes pour donner une forme d'éternité aux plus beaux moments. Alors, il ne lui reste plus qu'à choisir les musiques.

De ce travail qui l'accapare durant plusieurs mois, elle tire finalement un film en version française, dont Maurice assure la traduction en langue anglaise.

Ça y est, l'œuvre est là, et si elle ne lui rend pas son Jimmy dans l'encolure duquel elle aimait enfouir son visage pour s'endormir, elle a au moins le mérite d'immortaliser son âme.

Le vétérinaire, qui a bien connu le chien, et qui reçoit à ce titre une copie du film, est profondément touché par l'émotion qui en émane. Il organise différentes projections pour montrer à ses assistants, puis à certains de ses clients, ce que peut représenter un animal domestique dans la vie d'une personne, dès lors qu'on l'aime et le respecte.

Le film est si singulier, si grave, si chargé de sentiments profonds, que le laboratoire a demandé à Misha l'autorisation d'en conserver une copie, pour la montrer, à l'occasion.

Et c'est ainsi qu'un matin le téléphone sonne chez Misha Defonseca.

« Bonjour, dit une voix de femme qui s'exprime parfaitement en français. Tout à fait par hasard, j'ai vu le film que vous avez réalisé sur votre chien Jimmy, et je me demandais : comment se fait-il que vous aimiez les animaux à ce point ?

— Comment se fait-il… Mais parce qu'ils m'ont sauvé la vie, madame !

— Comment ça ? Je ne comprends pas. Dans quelles circonstances vous ont-ils sauvé la vie ?

— Mais qui êtes-vous pour me poser toutes ces questions ?

— Je suis journaliste, et votre film m'a donné envie de vous connaître. Dans quelles circonstances les animaux vous ont-ils sauvée ?

— Pendant la guerre. Mais c'est une trop longue histoire pour que je vous la raconte au téléphone.

— Alors, rencontrons-nous. Je vous invite à dîner, vous voulez bien ?

— Pourquoi pas ? »

Le dîner se déroule merveilleusement. Misha parle devant une oreille attentive, et bientôt bouleversée, ce qu'elle aime faire plus que tout, ne se lassant pas de compter aux yeux d'autrui, d'être enfin aimée. Elle raconte à cette journaliste ce qu'elle répète avec une émotion intacte au fil de toutes ses conférences.

> « Je n'avais jamais entendu un récit d'une telle force, lui dit à la fin son interlocutrice. Vous devriez écrire un livre.
>
> — Un livre ? Certainement pas ! Je me sens incapable de faire une chose pareille. Et puis je ne parle pas assez bien l'anglais…
>
> — Ça, c'est un détail. Écoutez, je travaille avec une éditrice, je suis sûre qu'elle serait enthousiasmée par votre histoire.
>
> — Peut-être, mais je ne me vois pas du tout écrivant un livre.
>
> — Réfléchissez, je vous rappelle. »

La journaliste rappelle, en effet, trois fois, quatre fois. Mais non, Misha n'est toujours pas décidée à écrire un livre. Elle dit qu'elle a besoin pour se raconter du soutien et de l'émotion qu'elle sent monter de son auditoire, elle dit que sans cette communion avec un public elle ne trouvera pas les mots. Puis, comme la journaliste insiste, elle finit par lancer :

> « Écoutez, si vous êtes vraiment intéressée, venez donc à ma prochaine conférence. Je serai la semaine prochaine à New York. »

« Je pensais qu'elle ne viendrait pas, raconte Misha, et qu'après ça elle me ficherait la paix. »

Elle se trompe. Non seulement la journaliste est bien présente dans la salle, mais encore elle a convaincu son amie éditrice de l'accompagner. Cette dernière fond sur Micha à la fin de la conférence.

« Tout ce que vous racontez est extraordinaire. Rencontrons-nous, voici ma carte, je suis prête à vous publier. »

Elle s'appelle Jane Daniel, c'est une de ces femmes d'affaires qui n'ont pas l'habitude qu'on leur résiste. C'est pourtant ce que fait Misha, ce soir-là, qui n'éprouve guère de sympathie pour son interlocutrice.

« Elle veut absolument me rencontrer, dit-elle à Maurice. Accompagne-moi, tu me diras ce que tu en penses. »

Jane Daniel fait part à Misha de son émotion, de son ambition pour le livre qu'elle imagine déjà.

« Vous avez eu un destin hors du commun, lui dit-elle, aujourd'hui, c'est votre devoir de le transmettre aux générations futures. C'est une page d'Histoire, elle nous concerne tous, vous devez la rendre publique, la faire partager, et il n'y a pas d'autre support que le livre pour cela. »

Maurice est convaincu. Misha ne dit ni oui ni non. Mais elle commence à se sentir investie d'une mission et se surprend à évoquer la proposition de Jane Daniel devant ses amis de la synagogue d'Holliston. Or, elle ne recueille que des exclamations d'enthousiasme, des encouragements, des soutiens sincères. « Misha, grandis ! Il faut que tu fasses ce livre, lui dit-on, il faut que tu témoignes pour l'Histoire de ce que tu as vécu, et en particulier pour notre histoire, à nous les Juifs. »

Est-elle traversée par instants de doutes et de remords ? Lui arrive-t-il de se souvenir de sa véritable identité, de sa véritable histoire ? Mesure-t-elle que chaque nouvel épisode de la fable en marche l'enfonce un peu plus dans une falsification dont elle ne pourra plus s'échapper sans provoquer stupeur, scandale et invectives ? Non, dit-elle, elle est maintenant si bien imprégnée de son récit qu'elle a la certitude d'en avoir vécu chaque étape. C'est difficile à croire, et cependant Boris Cyrulnik, qui a eu pour patients tant d'enfants rescapés de différentes guerres, n'a aucun doute sur la sincérité de Misha. « C'est un mécanisme de défense, dit-il. Quand le réel est fou, qu'il n'y a plus ni papa ni maman, ni le bien ni le mal, que le père qu'on admirait devient soudain un objet de honte, un enfant se réfugie dans la mythomanie, dans la fable. Ça a sans doute été la sauvegarde de Misha. Je la comprends très bien, et je pense même qu'elle a bien fait de s'accrocher à son récit, car elle a eu, grâce à lui, un peu de beauté dans sa vie. »

Elle finit par dire oui à Jane Daniel, et c'est avec le concours de Vera Lee, une bibliothécaire francophone, qu'elle entreprend l'écriture de son livre.

À la relecture, elle se dit déçue. Elle juge le texte très « américain », imprégné de morale, et fortement édulcoré, comme si l'éditrice avait eu peur de choquer. Le livre n'en est pas moins acheté en France par les Éditions Robert Laffont, qui le sortent donc en 1997 sous le titre *Survivre avec les loups*.

Et le succès est au rendez-vous. Misha inaugure alors une glorieuse décennie qui va lui permettre de visiter quelques capitales, de fréquenter les grands hôtels, et de recueillir des applaudissements nourris depuis des dizaines d'estrades. Partout, on la célèbre, on s'arrache son livre, dédicacé ou non (trois cent mille exemplaires vendus), et dans ce concert d'éloges et de soutiens, il est bien difficile d'entendre les voix discordantes de deux ou trois rabat-joie, généralement spécialistes des loups, et se prétendant « sidérés » par les invraisemblances qui émaillent le récit de Mme Defonseca.

En 2005, les Éditions XO publient une nouvelle version de *Survivre avec les loups*. Étoffée, et plus conforme, selon Misha, à ce qu'elle a réellement vécu, son autobiographie est alors traduite en une vingtaine de langues et devient un best-seller mondial.

C'est cette dernière version qu'adapte à l'écran la réalisatrice Vera Belmont, avec la petite Mathilde Goffart dans le rôle de Misha bravant les persécutions nazies, et survivant à l'horreur grâce à l'« humanité » des loups.

Peut-être plus que le livre, c'est le film qui apporte à Misha la revanche qu'elle espérait secrètement depuis un demi-siècle : revenir en Belgique en héroïne, elle dont son pays avait fait une réprouvée, une clandestine.

Elle ne boude pas son plaisir le soir où le gouverneur du Brabant Wallon la reçoit à dîner. « On m'accueille avec des fleurs, raconte-t-elle, on me donne la parole, et je peux bien dire ce que je veux, tout le monde est d'accord, tout le monde applaudit. Je sais bien qu'ils n'aiment pas les Russes, mais moi je dis combien je les admire, je dis que sans eux nous n'aurions pas gagné la guerre, et pas un de ces messieurs autour de la table n'ose me contredire. Pourquoi ? Parce que maintenant je suis une personnalité, une femme qu'on écoute, "une grande Belge" comme ils disent. Je ne suis pas idiote, si j'étais cette pauvre plouc d'autrefois, je sais bien qu'ils me cracheraient dessus... »

Bruxelles fête son enfant prodigue. Misha reçoit les journalistes, signe son livre, donne des conférences, passe à la télévision, elle est la fille de Reuven et Gerusha, moitié russe, moitié allemande, et il ne se trouve pas une personne pour reconnaître Monique De Wael sous les traits de cette femme vieillissante prétendument juive, mais qui n'a perdu ni sa gouaille d'adolescente ni son accent belge des faubourgs.

Non, aucune, parmi ses camarades de classe d'autrefois n'identifie Monique De Wael en cette Misha Defonseca enrubannée de couleurs chaudes, bardée de bijoux énormes, et pérorant avec autorité sur les enseignements de l'Holocauste.

Une seule la reconnaît, et l'écoute avec stupeur : c'est Arlette H., sa vieille amie de l'École normale. Mais Arlette est aussi la seule à ne l'avoir jamais perdue de vue. Quand Misha lui a envoyé son livre, en 1997, Arlette a cru que le sol se dérobait sous ses pieds. Elle s'est d'abord sentie terriblement blessée que Monique ne lui ait jamais avoué qu'elle était juive. « J'ai ressenti cela comme un manque de confiance, raconte-t-elle, alors que nous étions très proches à dix-huit ans, et l'étions restées en dépit des années et des aléas de nos vies. » Puis Arlette réfléchit, se remémore la date de naissance de Monique – elles avaient le même âge à Normale –, et petit à petit le doute la gagne. Monique ment sur son âge, elle en est certaine. Elle ment, car sinon personne ne croirait qu'une enfant de quatre ou cinq ans ait pu traverser l'Europe à pied et survivre à tant de périls. Alors, si ça se trouve, elle ment aussi sur sa judéïté. Arlette est prise de vertiges. Et si tout était faux ? se dit-elle. Et si elle était le témoin d'une monstrueuse entreprise de falsification ? Elle en est malade et se demande où puiser la force d'appeler Monique, et comment lui faire part de ses doutes, alors que le livre existe, alors que déjà les journaux en parlent, et même la télévision...

Enfin, elle trouve ce courage.

« Monique, j'ai bien reçu ton livre. D'abord, merci de me l'avoir envoyé. Je l'ai lu.

— Oui. Et alors ? C'est tout ce que tu as à me dire ?

— Je ne voudrais pas te blesser, mais je suis tout de même étonnée par certains événements que tu relates...

— Qu'est-ce que tu en sais, tu n'y étais pas !

— Nous avons à peu près le même âge...

— Non, je suis plus vieille que toi. Si tu m'avais bien lue, tu saurais qu'on m'a fait de faux papiers.

— Oui, mais alors pourquoi m'as-tu caché que tu étais juive ?

— Écoute, je ne suis pas là pour répondre à un interrogatoire. Je suis quand même mieux placée que toi pour savoir qui je suis et ce que j'ai vécu.

— Je suis ton amie, Monique. Je voulais seulement...

— Tu m'embêtes à la fin !

— Je voulais seulement te mettre en garde. »

Monique a raccroché. Le parti d'Arlette est pris : elle ne croit pas à toute cette histoire, mais, si son amie a éprouvé le besoin de l'écrire, c'est sans doute qu'elle ne pouvait pas faire autrement. Alors, désormais, elle se taira, et ne fera rien contre.

Les choses se gâtent plus sérieusement pour Misha Defonseca lorsque la communauté juive de Bruxelles, plus avertie de l'histoire européenne que celle d'Holliston, relève, avec l'historien de la Shoah Maxime Steinberg, de grossiers anachronismes dans son autobiographie. Ainsi Misha évoque-t-elle le port de l'étoile jaune durant l'été 1941 (pour expliquer que son père refuse de l'arborer), alors qu'elle ne fut obligatoire qu'à partir de l'été 1942. Ainsi encore prétend-elle que ses deux parents juifs ont été déportés en septembre 1941, alors que la déportation des Juifs de Belgique a commencé onze mois plus tard, le 4 août 1942.

On connaît la suite. La soudaine volonté de l'éditrice américaine, Jane Daniel, de discréditer son auteur et qui diffuse sur le Net son acte de baptême, ainsi que différents documents permettant de l'identifier, et tendant à prouver qu'elle aurait passé toute la guerre sur les bancs d'une banale école bruxelloise. Puis l'enquête fouillée du quotidien *Le Soir*, livrant au monde la véritable identité des parents de Misha, et nous révélant leur destin tragique, sans oublier le soupçon de trahison entachant la mémoire de Robert De Wael. Enfin, les « aveux » de Misha Defonseca : « Oui, je m'appelle Monique De Wael, mais depuis que j'ai quatre ans je veux l'oublier. [...] On m'appelait "la fille du traître" parce que mon père était soupçonné d'avoir parlé sous la torture à la prison de Saint-Gilles. [...] C'est vrai que depuis toujours je me suis sentie juive, et plus tard, dans ma vie, j'ai pu me réconcilier avec moi-même en étant accueillie par cette communauté. »

Comme le dit Boris Cyrulnik, on lui a « cassé sa cabane », et c'est donc une femme complètement perdue, apeurée, tremblante, sans cesse au bord des larmes, qui me reçoit à Boston quelques jours après ce séisme. Entre-temps, victimes de graves revers financiers (Maurice a perdu son travail), et engagés dans un procès ruineux contre Jane Daniel (qui n'a versé qu'une infime partie de ses droits d'auteur à Misha), les Defonseca ont dû se séparer de leur belle villa de Millis pour se replier sur une maison minuscule, dans une banlieue déshéritée.

Ce qui frappe, lorsqu'on entre chez eux, c'est le sentiment de pénétrer dans une caverne d'enfant. Des dizaines de peluches suspendues au plafond dès le vestibule, puis accrochées aux murs, certaines douées de mécanismes leur permettant de croasser, coasser, aboyer, rugir ou gazouiller à intervalles, et sans qu'il soit nécessaire d'appuyer sur un bouton ou de tirer sur une ficelle. Les pièces sont terriblement encombrées, on doit se faufiler entre patères et meubles, aquariums et cages à oiseaux, et aussitôt la porte refermée on est surpris par l'odeur forte et chaude des animaux qui imprègne l'air. C'est que, faisant bon ménage avec les peluches, trois chiens et une vingtaine de chats se partagent l'espace restant, certains sommeillant paresseusement ici ou là, d'autres vous surveillant depuis le bord d'une étagère, embusqués derrière une girafe ou un dragon aux yeux de verre.

Le dragon, c'est le cadeau de Maurice, le jour où il a trouvé Misha en larmes. Elle venait de raccrocher avec Marc Metdepenningen, le journaliste du *Soir* de Bruxelles. « Vous cherchiez vos parents, eh bien je viens de les retrouver ! lui a lancé M. Metdepenningen. Ils ne s'appellent pas Reuven et Gerusha, ils ne sont pas juifs, ils s'appellent Robert et Germaine De Wael, et vous feriez mieux d'avouer tout de suite, car demain toute la Belgique sera au courant. »

L'enchantement est terminé, Misha sanglote d'être redevenue la réprouvée, « la fille du Boche », celle à laquelle elle avait cru pouvoir échapper. En l'écoutant me rapporter sa conversation avec l'enquêteur du *Soir*, entourée de ses peluches, un chat sur une épaule, un autre sur les genoux, il m'est impossible de ne pas me remémorer l'enfant de quatre ans et demi qu'elle décrit dans son livre, se réfugiant sous son lit, dans sa petite chambre d'Anderlecht, pour fuir avec sa ménagerie l'indicible chagrin qui l'accable. En réalité, me dis-je, c'est comme si elle n'avait pas grandi depuis l'arrestation de ses parents, le 23 septembre 1941, comme si elle n'avait fait que reconstituer, partout où elle allait vivre, ce refuge imaginaire et douillet où je la découvre aujourd'hui.

Maurice l'a sûrement bien compris puisque, avant de trouver les mots pour la réconforter, avant même de lui dire que tout ça ne change rien à l'amour qu'il lui porte, il est allé lui acheter une peluche, exactement comme l'avait fait Ernest ce jour d'octobre 1941 où sa petite-fille a éclaté en sanglots en réclamant sa mère.

« Si vous aviez Monique De Wael pour patiente, avais-je demandé à Boris Cyrulnik avant de partir pour Boston, qu'est-ce que vous lui diriez aujourd'hui ?

— Je l'aiderais à reconstruire une autre cabane, moins frimeuse, moins belle, mais peut-être plus intéressante. En tout cas plus vraie. Je lui dirais : "Tu t'es inventé une belle histoire, mais la réalité est différente. Elle est difficile, douloureuse, mais elle est passionnante. On va s'y cogner." Je ferais comme avec ceux que l'on appelle "les enfants de Boches" (nés de mères françaises et de pères allemands sous l'Occupation), je chercherais à déclencher chez elle le plaisir de l'archéologie. La recherche de la vérité sur ses parents à travers les documents d'archives disponibles. Je dirais : "Maintenant, voyons, dans le contexte de l'époque, ce qu'ont fait précisément ton père et ta mère. Ah, ton père a flanché, les documents le montrent, mais il n'a pas été le seul, d'autres, bien plus importants que lui, ont également flanché dans les mêmes conditions. Et puis, tu vois, ça ne l'a pas empêché d'avoir été courageux, héroïque même, avant son arrestation, et avant d'en arriver à perdre ses facultés de résistance." »

C'est ce que nous avons fait ensemble, au début, pratiquant les fameuses fouilles, chères aux archéologues, dans les garde-meubles américains où Monique De Wael avait enfoui les traces laissées par ses véritables parents – carnets, lettres et photos. Puis nous avons déchiffré à la loupe ces documents vieux de plus de soixante ans.

Demeurait la question de la trahison de Robert De Wael, évoquée par *Le Soir* à partir des seuls jugements (en première instance et en appel) de la « Commission d'agréation des prisonniers politiques et de leurs ayants droit », qui avait refusé à Monique De Wael le droit de toucher une pension au titre de la mort de son père.

Nous avons pu nous procurer à Bruxelles, à la Direction générale des victimes de la guerre, l'intégralité des conclusions et jugements de la Commission. Mais les unes et les autres s'appuient sur l'enquête menée par la justice militaire belge à l'encontre de Robert De Wael, dès 1944, et il nous restait donc à accéder à ce dossier.

Après de multiples démarches, et deux mois de patience, l'avocat général près la Cour militaire, M. De Vidts, a bien voulu nous autoriser à consulter l'intégralité des procès-verbaux établis à l'époque par l'Auditorat militaire.

Ce sont ces témoignages, accablants pour Robert De Wael, horrifiants à bien des égards, que l'on va maintenant découvrir. Le père de Monique De Wael a flanché, oui, c'est peu dire. « Si dans un moment d'aberration ou de folie mon fils a commis un acte préjudiciable, écrivait Ernest De Wael, il s'est racheté par sa mort et celle de sa femme. » C'est en effet pourquoi la justice militaire a clos le dossier sans prononcer de condamnation. Ernest De Wael ajoutait que ce n'était pas à sa petite-fille, innocente, d'en subir les conséquences. Non, bien sûr, mais Monique De Wael en a cependant porté le poids toute sa vie. Et l'on devine, aujourd'hui, la force qu'il lui faut pour se réconcilier avec cet homme, son véritable père, qu'elle avait choisi d'oublier.

14

Robert De Wael est très tôt mis en cause. Dès le 8 septembre 1944, quatre jours seulement après la libération de Bruxelles, une première plainte est déposée contre lui devant le procureur du roi. Elle émane d'un ancien officier du régiment de Grenadiers reconstitué dans la clandestinité, Raymond Secret, qui l'accuse de l'avoir confondu tandis qu'il était interrogé par la Gestapo, en août 1942.

« Dès la fin de 1940, écrit Raymond Secret, j'avais été en rapport avec De Wael pour la récupération d'armes et la reconstitution clandestine des anciens régiments, ainsi que l'aide à des militaires se trouvant encore en Belgique. Je m'occupais aussi de recueillir des fonds pour des organismes, et de la diffusion de journaux clandestins. De Wael était au courant de cette activité et participait d'ailleurs à la diffusion des journaux.

« Le 4 août 1942, j'ai été arrêté chez moi par la Gestapo. Au cours de la perquisition qui fut faite à cette occasion, rien ne fut trouvé. J'ai été interrogé et j'ai appris que mon arrestation avait eu lieu à la suite de la découverte d'un document sur lequel étaient indiquées mes initiales et la mention "rue de Locht". Suivies de l'indication d'une somme d'argent et d'un nombre qu'ils ont pris pour un nombre de tracts que j'aurais distribués, ce qui était d'ailleurs exact.

« Au cours de mes premiers interrogatoires, j'ai nié. J'ai été confronté avec Robert De Wael, et celui-ci m'a alors accusé formellement en disant que les initiales "R.S." étaient les miennes, et qu'il s'agissait donc bien de moi.

« Au cours de cette confrontation, De Wael, sans y être invité, a mis volontairement en cause ma fille Simone, et M. Marcel Raemaeckers, qui tous deux m'assistaient dans mon activité anti-allemande. [...]

« À l'issue d'un interrogatoire, j'ai eu l'occasion d'être quelques instants seul avec De Wael. Il m'a fait comprendre qu'il avait été amené à agir de la sorte pour se sauver, et sauver sa femme, lui-même étant poursuivi pour des faits plus graves. »

Emprisonné à Bruxelles, Raymond Secret échappe par miracle à la déportation, et c'est pourquoi il est le premier à déposer plainte, à la Libération, contre Robert De Wael. Les plaintes et les témoignages suivants n'interviendront qu'une année plus tard, durant l'été 1945, lorsque certains ex-compagnons d'armes du lieutenant De Wael rentreront d'Allemagne. Une poignée seulement, car la plupart ont disparu, comme Robert De Wael lui-même, dans les prisons et les camps réservés aux prisonniers politiques étiquetés *Nacht und Nebel*.

Le sous-officier Roger Mispelaere, libéré par les troupes américaines du camp de Mauthausen, et rentré en Belgique le 14 juin 1945, livre alors à la justice militaire des informations inédites sur le comportement de Germaine et Robert De Wael lors de leur arrestation.

En septembre 1941, Roger Mispelaere est membre du groupe clandestin dirigé par Robert De Wael. Or c'est à l'inexpérience de Germaine qu'il doit son interpellation.

« La femme du lieutenant De Wael, témoigne-t-il, fut arrêtée dans la rue en possession d'un fusil. Lors de son interrogatoire, elle signala à la police allemande qu'elle se rendait chez moi. C'est ce qui a provoqué mon arrestation. »

Germaine n'est pas engagée dans la Résistance, elle n'a pas été initiée à la clandestinité, et s'il en fallait une preuve supplémentaire, on la trouverait ici, dans son ingénuité, pour ne pas dire son irresponsabilité. Il est probable que si ce témoignage avait été connu du ministre de la Défense nationale dans l'immédiat après-guerre, Germaine De Wael, née Donvil, n'aurait pas été déclarée « membre de l'armée secrète » et « résistante de la première heure », ni décorée à titre posthume de la médaille de la Résistance et de la croix de guerre avec palme.

Mais c'est à propos de Robert De Wael lui-même que le témoignage du sous-officier est le plus troublant. Alors qu'il est déjà aux mains de la police allemande, et donc le 24 ou le 25 septembre 1941, De Wael rend visite à Roger Mispelaere, qui ne sera arrêté, lui, que le lendemain.

« Il avait déjà été interrogé deux fois par la Gestapo, assure celui-ci, et il ne m'a pas tenu au courant de ces interrogatoires. Lors des confrontations, j'ai constaté que le lieutenant De Wael avait déjà tout avoué et qu'il jouissait d'un meilleur traitement que moi.

« La Geheime Feldpolizei, poursuit Roger Mispelaere, a découvert chez moi un fusil et soixante cartouches qui étaient maçonnés dans le mur. Le lieutenant De Wael et le sergent Jacques étaient les seuls au courant de la cachette. Je ne puis pas suspecter le sergent Jacques, et je soupçonne le lieutenant De Wael qui, le matin de mon arrestation, m'apporta quatre ou cinq revolvers, cinq à six cents cartouches et deux bombes anglaises. À ce moment, il ne me signala pas qu'il avait des difficultés avec l'Autorité allemande. »

Ce témoignage tend à prouver que Robert De Wael décida *dès son arrestation* de collaborer avec la police allemande, contrairement à ce qu'il explique dans ses lettres de prison, et notamment le 15 octobre 1941 quand il écrit : « Tant de camarades ont déjà parlé que j'ai été obligé de reconnaître pas mal de faits bien graves. »

C'est d'ailleurs ce que confirme implicitement le colonel Woussen, incarcéré à la prison de Saint-Gilles en même temps que lui. « Je me souviens très bien qu'étant en prison, dit-il, on m'a mis en garde contre le lieutenant De Wael. »

Au mois d'août 1942, Robert De Wael est ramené de Cologne à Bruxelles. C'est durant ce mois d'août qu'il va voir sa fille Monique pour la dernière fois, avenue Louise, au siège de la Gestapo.

Les siens se réjouissent de son retour en Belgique, imaginant que c'est de bon présage, et Ernest loue « la bonne obligeance des messieurs de l'avenue Louise », qui acceptent de remettre à son fils un colis de vivres et de vitamines.

Cependant, Robert ne revient pas à Bruxelles pour « complément d'instruction », comme le croient sa famille et ses amis, mais pour livrer à la Gestapo tous ses anciens compagnons.

C'est ce que raconte Wilhelm Krumkamp, officier allemand arrêté à la Libération, et interrogé par les enquêteurs militaires belges à la prison de Saint-Gilles, où il est incarcéré.

« En août 1942, témoigne-t-il, trois employés de la Gestapo de Cologne sont venus dans mon bureau, avenue Louise, en compagnie d'un lieutenant belge nommé De Wael, Robert, en tenue civile. Ils voyageaient en auto. Cet officier belge devait avoir été arrêté précédemment, mais je ne sais rien de son histoire. Ce que je sais, c'est qu'il était officier de liaison entre divers groupements de l'armée secrète belge.

« Dans mon bureau, ce lieutenant De Wael prit le bottin téléphonique et se mit en devoir de relever le numéro de divers bourgmestres. Il téléphona ensuite à tous ces magistrats pour connaître les adresses d'une vingtaine d'officiers belges de la Résistance. [...] Ce De Wael devait avoir la confiance d'autres officiers et des bourgmestres, car il obtint une vingtaine d'adresses.

« De Wael m'a paru être au mieux avec les agents de la Stapo de Cologne. Il n'était nullement sous l'emprise d'une quelconque contrainte, il agissait bien librement. Je le soupçonne d'avoir déjà vendu certains de ses camarades étant à Cologne, car les agents allemands connaissaient certains noms. »

Durant les mois d'août et septembre 1942, la plupart des commandants de compagnie vont être arrêtés par la Gestapo sur dénonciation de Robert De Wael, et en particulier les lieutenants et commandants Fontaine, Van Weddingen, Jones, Gilbert, d'Alcantara, Novels et De Grün. Déportés en Allemagne, bien peu en reviendront.

D'autres résistants, tel Raymond Secret, dont on a lu la plainte, ne seront pas nommément désignés par De Wael, mais ils seront confondus à la suite de son intervention, et condamnés.

Cependant, la police allemande poursuit un autre objectif : mettre la main sur le dépôt d'armes constitué par les ex-Grenadiers et dont un homme seulement connaît la cachette : le lieutenant Marcel Colet. Bien qu'arrêté, et déporté, Marcel Colet n'a pas parlé.

Les agents de la Gestapo décident alors de tendre un piège à sa femme, Mme Colet, et Robert De Wael, qui fut un ami du couple, se prête à ce piège dont il est la pièce maîtresse.

Voici le témoignage de Mme Colet devant les enquêteurs militaires :

« Le 4 août 1942, étant chez ma mère à Waterloo, je reçus un coup de téléphone vers 13 heures émanant d'un voisin de Bruxelles, me disant qu'un ami de mon mari était venu chez moi pour me donner de ses nouvelles, et qu'il allait arriver pour me parler.

« Peu après, je vis trois hommes arriver, et fus très étonnée de reconnaître Robert De Wael parmi eux. C'était un ami de régiment de mon mari qui avait fait la campagne de 1940 avec lui. Je craignais qu'il ne m'apporte de mauvaises nouvelles de mon mari, mais il commença par me dire qu'il était très bien, et en bonne santé. Il me dit ensuite qu'il s'était évadé avec ses deux amis, l'un s'évadant avec lui, l'autre leur ayant permis de s'enfuir. Ils voulaient gagner Dunkerque, et, de là, essayer de s'embarquer pour l'Angleterre.

« Ensuite, m'ayant prise à part, Robert De Wael commença à me parler du dépôt d'armes constitué par le régiment de Grenadiers, et me dit que Marcel lui avait dit qu'ils en trouveraient l'adresse chez moi, lui ayant été impossible de la donner de vive voix, à cause de la présence d'un tiers en lequel il n'avait soi-disant pas confiance.

« Il me suppliait de lui donner une arme pour continuer son voyage, disant que c'était la troisième fois qu'il s'évadait et qu'il avait deux fois été rattrapé et puni de cachot. Qu'aussi, il n'osait plus continuer sa route sans arme pour se défendre.

« Tout d'abord, je lui demandai s'il ne voulait pas quelque engin, soit une matraque, soit un poignard, que je savais être au grenier, chez mes parents.

« Il me répondit qu'il lui fallait des armes, que ce que je lui offrais n'était pas suffisant. Il insistait : "Vite, je vous en supplie, ne perdons pas de temps."

« Je lui demande alors si Marcel lui a dit de m'en demander.

« "Oui, Marcel a dit que tu pouvais me le dire."

« Il alla jusqu'à me jurer sur la tête de ma petite fille que ce qu'il disait était vrai.

« Devant cette attitude, et désirant évidemment aider un officier belge évadé, et en plus un ami, je lui donnai l'adresse de M. Henry Demeuldre, 141-143, chaussée de Wavre, à Ixelles.

« Il me fit alors jurer, avant de partir, de ne parler à personne de notre conversation, et de répondre toujours que je ne l'avais jamais vu. Il me demanda également du pain et du beurre, disant qu'il mourait de faim, et partit ensuite en me faisant signe de garder le silence.

« À peine était-il sorti que je me précipitai sur le téléphone pour prévenir mes amis Demeuldre, un sombre pressentiment m'étreignant. Ce fut Mme Demeuldre qui prit la communication. Je la prévins donc que j'avais cru bien faire de donner l'adresse à Robert De Wael, et je lui demandai de prévenir son mari.

« Elle me demanda : "Henry doit-il partir ?"

« Je lui répondis : "Oui, vite, vite."

« Ainsi, si c'était un piège, au moins M. Henry Demeuldre serait-il à l'abri. »

Propriétaires d'une manufacture de porcelaine bien connue à Bruxelles, les Demeuldre sont les dépositaires du stock d'armes qui a été caché dans les sous-sols de l'entreprise, chaussée de Wavre. Henry Demeuldre a accepté de prendre cette responsabilité parce qu'il est officier de réserve aux Grenadiers.

C'est Mme Demeuldre qui reçoit Robert De Wael et l'un des hommes qui l'accompagnent, après avoir fait fuir son mari.

Voici son témoignage :

« Le 4 août 1942, vers 14 h 30 de l'après-midi, deux messieurs, dont l'un était le lieutenant Robert De Wael, se sont présentés au magasin du 141-143, chaussée de Wavre, des Établissements Demeuldre, demandant à parler à M. Henry Demeuldre. Le comptable leur ayant répondu que M. Demeuldre était absent, ils demandèrent à me voir pour une affaire personnelle.

« Je ne connaissais pas De Wael, sauf de nom, mais je savais qu'il avait été arrêté quelques jours avant le lieutenant Colet, lequel était en rapport constant avec mon mari pour la reconstitution de leur régiment.

« De Wael se présenta à moi comme un ami de Marcel Colet, et désirant m'entretenir de choses sérieuses. Il me raconta que celui qui l'accompagnait et lui-même s'étaient sauvés d'Allemagne, mais que Marcel Colet n'avait pas osé risquer l'aventure, et demanda à me parler en particulier.

« Je le fis monter à l'appartement, au salon. Il me dit alors qu'ils avaient reçu des renseignements de Mme Colet, et que cette dernière les avait envoyés chez moi pour que je leur vienne en aide. Que les Colet, mon mari et moi étions des amis et que je devais, puisque monsieur n'était pas là, et que j'étais, selon les dires de Mme Colet, au courant de tout, leur donner ce dont ils avaient besoin pour continuer leur route vers Dunkerque…

« Je lui demandai s'ils avaient besoin de vêtements.

« "Non, pas cela", me répondit-il.

« Au même moment, je vis par la porte du salon, restée entrouverte, un homme qui se sauvait. Comme ce dernier avait remarqué que je l'avais vu, je me levai et lui demandai s'il était un ami des deux autres. Il me répondit par l'affirmative, et je le fis entrer, remarquant une balafre sur sa figure. Évidemment, je fis semblant de croire leur histoire.

« Moi : Et maintenant, que désirez-vous ?

« De Wael : Il nous faudrait des...

« Moi : Des quoi ?

« De Wael : Des... Vous savez bien. Des...

« Moi : De l'argent ? C'est dommage que mon mari ne soit pas là, il s'arrangerait avec vous.

« De Wael : Il nous faut des armes.

« Moi : Vous demandez justement ce que je n'ai pas.

« De Wael : Nous ne pouvons continuer cette aventure sans être armés. Vous comprenez bien cela, n'est-ce pas ?

« Moi : Évidemment. Seulement, ce qui est malheureux, c'est que je ne connais personne qui en ait. Et si mon mari était là, ça ne servirait à rien, car il ne connaît personne non plus. Quoique lui aurait pu vous donner de l'argent, peut-être.

« De Wael : Il ne nous faut pas d'argent, mais des armes. Rien que des armes, et vous en avez, Mme Colet l'a dit. Son mari a remis à vous-même, ici, à l'usine, un paquet qu'il avait apporté caché dans une voiture. Il vous a remis ce paquet, n'est-ce pas ?

« Ce n'était, effectivement, que trop vrai.

« Moi : Un paquet ? Je ne me souviens pas qu'il m'ait remis un paquet. Qu'est-ce qu'il y avait dans ce paquet ?

« De Wael : Mais vous le savez bien...

« Moi : Si M. Colet m'avait remis un paquet, je m'en souviendrais.

« De Wael : C'étaient des armes.

« Moi : Mais non, voyons, vous pensez bien que cela, je m'en souviendrais. Non, non, je vous assure.

« Sur un signe de l'homme à la balafre, qui se révéla dans la suite être le chef de la descente, celui qui avait accompagné De Wael au début, et qui n'avait encore rien dit jusque-là, me fit signe de le suivre, voulant me parler seul à seule. Il me prit à part dans le couloir, et me demanda, avec un accent qui m'a semblé être flamand :

« "Écoutez, je sais très bien qu'un mari ne dit peut-être pas tout à sa femme, ainsi moi j'ai beaucoup travaillé et ma femme n'en a jamais rien su. Vous n'êtes peut-être pas au courant de ce que faisait votre mari."

« Moi : Il me dit toujours tout.

« Lui : Il aurait pu s'occuper de choses sans vous le dire.

« Moi : Non, je vous assure que je le saurais.

« Tandis qu'il me questionnait ainsi, j'entendis que l'homme à la balafre parlait allemand à De Wael. Comme il parlait assez fort, je ne pouvais pas ne pas l'avoir entendu. J'en fis donc la remarque.

« Moi : Mais il parle allemand !

« Lui : Oui, c'est un Allemand. Un brave. C'est lui qui nous a aidés à nous échapper.

« Moi : Ah, c'est ça.

« Nous revînmes nous asseoir au salon.

« De Wael : Vous ne vous souvenez toujours de rien ?

« Moi : De rien.

« Le balafré donna alors un ordre en allemand que je ne compris pas. Ils se levèrent, des hommes entrèrent de toutes parts, par toutes les portes, j'en comptai douze en tout.

« De Wael : Puisqu'il en est ainsi, madame, je regrette, mais nous allons devoir perquisitionner.

« Moi : Ah ! Je comprends maintenant...

« Celui qui menait la perquisition, un Allemand, communiqua avec moi en français. Il déclara vouloir visiter les greniers, les caves, et l'appartement personnel.

« Je les emmenai partout, jusque dans l'appartement des concierges. Partout, l'établissement était gardé, et le personnel surveillé de près. Tandis qu'ils visitaient le grenier, j'étais près de De Wael qui fouillait dans une malle. Il essaya de nouveau de me faire changer d'avis.

« De Wael : Vous feriez mieux d'avouer, madame. Pour vous et votre mari. Cela vous épargnerait bien des ennuis. Vous feriez mieux de le dire avant que nous le trouvions.

« Moi : Si j'avais quelque chose à avouer, ne croyez-vous pas que je l'aurais fait tout à l'heure, quand je croyais encore à votre comédie ? En tout cas, je vous félicite, vous avez bien joué la comédie, je m'étais laissé prendre.

« De Wael : Que voulez-vous, madame !

« Celui qui menait la perquisition me demanda alors d'ouvrir un petit grenier. (Antérieurement, des armes et beaucoup de munitions y avaient été cachées, dans des réduits ménagés derrière des rayons contenant des stocks de porcelaine. Je savais que depuis les arrestations massives qui avaient eu lieu, plusieurs mois auparavant, mon mari avait pris la précaution de changer de place le dépôt en en constituant un soigneusement muré.) Je lui fis remarquer qu'il avait les clés de ce grenier en main. Ils entrèrent donc, et trouvèrent rapidement, derrière les porcelaines, les portes d'accès aux anciens réduits où avaient été cachées les armes. Mais là, il ne restait plus que des boîtes de lait. Ils prirent ces dernières, sur lesquelles il n'y avait plus d'étiquettes, et commencèrent à s'énerver.

« "Qu'est ceci ? Dynamite ?"

« Moi : Du lait.

« Eux : Drôle de place pour cacher du lait !

« L'un d'entre eux vint me mettre les deux poings sous le menton, et dit : "Vous, vous allez sauter !"

« Moi : Eh bien, sautons.

« Eux : Le dépôt est ici, nous le savons, et vous êtes au courant de tout.

« Moi : Non, ce n'est pas possible.

« Eux (furieux) : Nous percerons les murs. Nous ferons sauter les fours. Nous ferons retourner le charbon et les matières premières. Nous trouverons, et vous serez fusillée.

« Ils me firent ensuite descendre dans la cour de l'usine où j'attendis quelques moments, gardée par l'un d'entre eux, tandis que je voyais descendre des hommes dans la cave, sous la salle des machines, et d'autres entrer dans l'usine. [...]

« Je fus conduite en voiture à la Gestapo, avenue Louise. De là, on alla à Saint-Gilles où je restai onze jours au secret sans interrogatoire.

« À ma libération, on me donna comme instruction de me rendre à la Gestapo. Là, dès mon entrée dans une chambre, au cinquième étage, je vis De Wael assis devant une feuille blanche sur laquelle il avait écrit une ligne, semblant méditer. Je le fixai, et il baissa les yeux.

« Les Allemands me firent signer que j'avais à dire à mon mari de se rendre immédiatement à la Gestapo s'il revenait, et moi-même de les prévenir dès son retour. Sinon, j'étais passible de la peine capitale.

« Je fus surveillée pendant de longs mois, et même une garde s'établit dans un étage supérieur d'une maison de la rue Georges-Lorand d'où l'on avait une vue plongeante sur la cour de l'usine et sur l'arrière de l'appartement.

« Puis la surveillance se relâcha et fut reprise sérieusement quelques semaines avant la Libération, les Allemands craignant probablement toujours la présence du dépôt d'armes. Ce en quoi ils n'avaient pas tort. »

Tandis que Mme Demeuldre est conduite à la Gestapo, les fouilles se poursuivent sous le regard de Fernand Balseau, concierge et homme à tout faire des établissements.

« À un moment donné, témoigne-t-il, j'observai trois hommes qui descendirent dans le sous-sol de la salle des machines. J'étais inquiet car j'avais participé à l'établissement de la cachette du dépôt d'armes de mon patron en exécutant la maçonnerie nécessaire. Heureusement, je les vis remonter peu après et, à leur attitude, je remarquai que rien n'avait été découvert.

« Vers 5 ou 6 heures du soir, un homme vint me trouver dans la loge. Je devais, me dit-il, le guider dans les caves qu'ils avaient déjà certainement visitées dans le courant de l'après-midi. J'ai su, peu après, que cet homme était Robert De Wael, le seul portant une gabardine claire, la figure bouffie et pâle, l'aspect négligé. À un certain moment, voyant des maçonneries de soutènement assez fraîchement terminées, il me demanda s'il n'y avait rien de caché derrière. J'étais absolument sûr de moi étant donné qu'il ne s'agissait pas des travaux effectués lors de la constitution du dépôt et pour lesquels on avait pris soin de patiner le mur. Je répondis qu'il n'avait qu'à s'assurer lui-même que nulle part ça ne sonnait faux.

« Enfin, il me laissa rentrer chez moi, d'où je continuai à observer leur manège.

« À certains moments, comme on sonnait à la porte, De Wael se précipitait dans l'escalier, descendant de l'appartement du premier étage, pour s'embusquer, revolver au poing, en face de la porte de la loge, s'attendant vraisemblablement au retour du patron.

« Il m'interrogea à différentes reprises, me demandant si je savais pourquoi il était dans l'immeuble, et à ma réponse négative il me dit que c'était non pas pour chercher une caisse, mais *des* caisses de munitions. Je continuai à certifier que j'étais dans l'ignorance de ce qu'il avançait. »

En dépit du concours de Robert De Wael, la Gestapo ne découvrira jamais le dépôt d'armes, muré sous la salle des machines par les soins de Fernand Balseau. Et c'est Henry Demeuldre, revenu aux commandes de son usine après la Libération, qui témoigne de ce que devinrent ces armes et munitions.

Après le coup de téléphone de Mme Colet, indique-t-il aux enquêteurs militaires, « ma femme me prévint immédiatement, et je m'en allai sans tarder, ayant prévu ce qui allait arriver depuis longtemps.

« Je pris donc le maquis à ce moment, et après deux tentatives pour rejoindre l'Angleterre qui avortèrent : la première en gare du Luxembourg où mon passeur se fit arrêter, la seconde à Salins (Jura) où je tombai, le 11 novembre 1942, en plein dispositif allemand pour l'invasion de la France non occupée, et fus arrêté par la Gestapo, puis relâché grâce à l'amabilité de deux officiers autrichiens avec lesquels je pus converser quelques minutes en allemand.

« De retour en Belgique, je me rattachai au groupe MNR, étant entré en relation avec un de mes anciens amis des Grenadiers, Henry Graff, fils du général Graff, commandant de groupement de Résistance. Je participai à différentes opérations et pus, le jour de la Libération, mettre le dépôt à la disposition : d'une part de la police d'Ixelles, qui à ce moment n'avait en tout et pour tout que cinq chargeurs de cartouches, d'autre part à la disposition du major Henrard, commandant le secteur d'Ixelles. »

Les Allemands ne parviennent pas à mettre la main sur le dépôt d'armes mais, guidés par Robert De Wael, ils poursuivent le démantèlement du réseau de Résistance des ex-Grenadiers créé par le commandant Kaeckenbeeck au lendemain de la défaite.

Arrêté le 1er octobre 1941, huit jours après Robert De Wael, le commandant Kaeckenbeeck, qui mourra en

Allemagne, est alors incarcéré à Cologne, dans une cellule voisine de celle qu'a quittée De Wael pour être ramené à Bruxelles. Les deux hommes se sont connus durant la « drôle de guerre », et on se souvient de l'admiration que Robert De Wael nourrissait alors pour son aîné, officier d'active et héros de 1914-1918.

Cependant, le 5 août 1942, de nouveau déguisé en évadé, Robert De Wael conduit la Gestapo chez la mère de son ex-chef et ami, Robert Kaeckenbeeck, pour tenter de trouver les noms de résistants qui auraient échappé aux Allemands.

Marguerite Kaeckenbeeck témoigne :

« Ce jour-là, j'ai reçu chez moi la visite de deux particuliers, l'un d'eux me disant être le nommé De Wael que je ne connaissais pas, ce dont il fut, du reste, très étonné. Il me déclara venir de la part de Bob, diminutif du prénom de mon fils, pour enlever dans une commode qui se trouvait dans la chambre de mon fils des listes de jeunes gens et des armes. Il me déclara également s'être évadé d'Allemagne en compagnie de l'autre particulier. Mais que Bob avait refusé de s'évader.

« La perquisition, quoique minutieuse, resta infructueuse. »

Dénoncé par Robert De Wael durant le mois d'août 1942, le lieutenant de réserve Jones, adjoint du commandant Kaeckenbeeck dans la clandestinité, est l'un des rares à être rentré d'Allemagne.

Le 5 juillet 1945, les enquêteurs militaires recueillent son témoignage :

« J'ai été arrêté le 4 août 1942 par les Allemands. J'ai subi deux ou trois interrogatoires, au cours desquels j'ai tout nié. Lorsque De Wael est entré en scène, il était un véritable agent de la Gestapo. Au cours d'un interrogatoire, j'ai provoqué une confrontation avec De Wael. Celle-ci a eu lieu dans les locaux de la Gestapo, avenue Louise. Là, je me suis rendu compte que les Allemands savaient tout, et ce, grâce à De Wael.

« Au cours d'une entrevue ménagée par les Allemands, De Wael m'a engagé à charger les autres et à ne songer qu'à me sauver, comme lui, disait-il, était occupé à le faire.

« Je n'ai plus revu De Wael à Bruxelles.

« J'ai été déporté en Allemagne le 10 octobre 1942, à la prison de Bochum, où j'ai revu De Wael en avril 1943.

« Le jour du jugement de l'affaire des Grenadiers, qui eut lieu à Essen entre le 25 et le 30 novembre 1943, j'ai revu De Wael qui comparaissait comme témoin à charge. Je tiens toutefois à déclarer qu'au cours de sa comparution, De Wael s'est complètement récusé, ce qui a permis l'acquittement de quelques camarades. À ce moment, le commandant Kaeckenbeeck lui aurait déclaré : "Cette nuit, tu peux dormir en paix."

« En février 1944, j'ai été transféré au bagne de Sonnenburg pour achever mes deux années de travaux forcés. J'ai appris par mes camarades de captivité que De Wael, arrivé à Sonnenburg gravement malade en mars 1944, serait décédé quelques jours plus tard. »

Autre rescapé des camps, Martin Dehousse confirme que Robert De Wael eut, devant le tribunal d'Essen, « une très belle attitude ».

Il précise que lorsqu'il fut envoyé à Sonnenburg, « Robert De Wael était atteint d'œdème de carence, d'une double pneumonie, et de pleurésie sèche ».

« Je sais, ajoute-t-il, qu'un dossier a été constitué par les inculpés de l'affaire De Wael, prisonniers en Allemagne. Celui-ci a été dressé surtout d'après les renseignements puisés dans le dossier du tribunal dont nous avions pu prendre connaissance. Je ne sais pas où il se trouve et ne connais pas le camarade qui en a la garde. »

Georges Marique, ex-membre du groupe de De Wael, rentré de Sonnenburg, confirme l'existence de ce dossier. « Il fut enterré autour d'un baraquement du camp », dit-il.

Les enquêteurs le chercheront, mais ne le retrouveront pas.

Ils mettront la main, en revanche, sur les aveux de Robert De Wael, dans cette carte adressée à sa famille, mais saisie, avant d'arriver à bon port, par des hommes de la Résistance. La « Commission d'agréation des prisonniers politiques et de leurs ayants droit » s'était notamment appuyée sur ce document pour refuser à Monique De Wael la pension d'orpheline que son grand-père réclamait pour elle. Dans ses jugements et conclusions, la Commission ne citait que deux phrases de cette carte. En voici à présent l'intégralité qui, tout en confirmant la trahison de Robert De Wael, révèle aussi son effondrement psychologique.

La carte est adressée à ses parents, Ernest et Marthe De Wael, rue des Déportés, à Anderlecht, mais également à ses beaux-parents, les Donvil, rue Jourdan, à Saint-Gilles. Elle est datée du 18 août en ouverture, mais du 28 août sous la signature. L'année n'y est pas mentionnée.

« Mes chers tous tant aimés,

« n'avez-vous pas encore compris ?

« 1. Que ma stupide participation à l'organisation royaliste du commandant Kaeckenbeeck (d'autant plus qu'il y avait les armes) C'EST LA PEINE DE MORT !

« 2. Que j'en suis d'autant plus triste et furieux contre ceux qui m'ont entraîné que je n'ai jamais été anti-allemand.

« 3. Que depuis onze mois de douleur je me débats précisément pour leur prouver, et que j'avais espéré que vous m'y aideriez en demandant comme moi que je puisse racheter mon erreur passagère en partant au front dans les Waffen-SS (s'informer à Bruxelles).

« 4. Que cela est une grande faveur que j'espère obtenir, bien que vous m'ayez abandonné à mes seuls moyens.

« 5. Que plus le temps passe, plus ma douleur est grande, et la ruine de ma santé certaine avec l'éternelle appréhension du jugement.

« Moi qui n'ai pas eu peur en 1940, j'ai des angoisses continuelles.

« Je veux lutter au front pour me racheter auprès du Reich, qui sera vainqueur, et revoir mon enfant et ma femme.

« J'ai pleuré.

« Je maudis les Anglais et les faux patriotes bourreurs de crânes.

« Oui ou non, voulez-vous me sauver ?

« Rendre Germaine à Monique ?

« Et à moi la santé ?

« Je pèse moins de 60 kilos.

« Alors : que père s'affilie au parti VNV[1] (rue aux Laines, n° 44).

« Faites des requêtes au Führer, à Himmler, chef de la police et des SS.

« Au chef des SS à Cologne, le tout appuyé par le VNV, Staf Declercq et les rexistes (Mme Degrelle).

« Écrivez au Roi et à la princesse du Piémont à Rome.

« Demandez mon entrée aux SS pour le front.

1. VNV : Vlaams Nationaal Verbond, parti nationaliste flamand, partisan de l'Ordre nouveau, fondé en 1933 par Staf de Clercq.

« J'ai déjà collaboré avec leur police pour prouver ma volonté de me racheter.

« Vous ne voulez pas que je tente une deuxième fois de me suicider ?

« J'ai déjà hurlé de douleur, faites cela, je vous en supplie.

« Baisers fiévreux. Robert[1]. »

Différents éléments portent à croire que cette carte a été écrite en août 1942, tandis que Robert De Wael travaille étroitement avec la Gestapo, et non en août 1943, comme le croit la « Commission d'agréation des prisonniers politiques ».

« Depuis onze mois de douleur », écrit en effet De Wael, qui compte bien, puisqu'il a été arrêté en septembre 1941.

Par ailleurs, son ex-camarade de combat, Martin Dehousse, apporte cette précision dans son témoignage devant la justice militaire :

« Après neuf mois de cellule et une tentative de suicide, De Wael a froidement dénoncé tout le reste du groupement non encore arrêté. » Neuf mois de cellule portent au mois de juin 1942, la période durant laquelle Adolphe Vyt, interprète attaché à la Gestapo, dit avoir appris que Robert De Wael avait écrit une lettre à la police allemande pour indiquer qu'il avait des révélations à faire.

1. Nous avons respecté la typographie et les paragraphes de la lettre originale, ainsi que l'orthographe des noms propres.

Enfin, en août 1943, Robert De Wael a sûrement compris que la Gestapo ne lui saurait aucun gré de sa trahison puisque, en dépit des services rendus un an plus tôt, il se trouve alors incarcéré au camp de concentration d'Esterwegen. Outre qu'aucun courrier n'est autorisé depuis le camp, on ne l'imagine plus tenant de tels propos et s'offrant à partir dans les Waffen-SS. D'ailleurs, trois mois plus tard seulement, durant le procès d'Essen, à la fin novembre 1943, il reviendra sur ses dénonciations et tentera de sauver son honneur en innocentant certains de ses anciens compagnons d'armes.

Entretien avec Monique De Wael

« Quels ont été vos sentiments en découvrant ce manuscrit ?

— Il m'a fallu quelques jours avant de trouver la force de l'ouvrir. Et puis je l'ai lu d'une traite, une nuit. En le refermant, j'ai regardé autour de moi : sur les étagères, partout, il y a des médicaments chez nous. J'ai pensé que j'allais absorber tous ces médicaments et partir. Je crois que de toute ma vie, jamais je n'ai eu comme cette nuit-là le désir de mourir.

— Parmi tout ce que vous avez lu, êtes-vous capable de dire ce qui a plus précisément déclenché ce désir ?

— Oui, que vous étaliez quel homme a été mon père… Je le pressentais, mais je ne voulais pas le croire. Je crois que j'ai toujours voulu chasser ces images.

— Vous le pressentiez…

— Mon grand-père ne m'en a jamais parlé, mais il m'est arrivé de le surprendre en conversation avec des personnes de passage, des amis de mon père peut-être.

J'ai entendu des choses, des mots, des bribes de phrases, et je sais que lui non plus ne voulait pas le croire. Quand vous avez entrepris ce travail et que je vous ai confié les lettres de mon père, j'ai secrètement espéré que vous alliez l'innocenter. Enfin, que ce que vous alliez découvrir permettrait de l'innocenter. Et c'est tout le contraire qui arrive... Comment faire pour supporter ça ? Pour l'accepter ? Je savais, bien sûr, mais je n'avais pas d'images précises... Quand soudain je vois mon père assis derrière un bureau de la Gestapo, ou conduisant la Gestapo chez ses ex-camarades, je ne peux pas... je ne peux pas l'imaginer. C'est trop dur... C'est insupportable, voilà, il n'y a pas d'autres mots. Je crois que c'est pour ça que j'ai voulu mourir, sous le choc.

— Et qu'est-ce qui a fait que vous avez choisi de vivre ?

— Mes animaux. Ils m'ont entendue sangloter, j'étais dans mon lit, au milieu de la nuit, et ils sont tous venus se blottir contre moi. Je me suis dit que je ne pouvais pas faire ça, pour eux, pour Maurice, pour ceux qui m'aiment encore.

— Aujourd'hui, quel regard portez-vous sur votre père ?

— En dépit de tout ce que je pressentais, mon père demeurait tout de même un héros dans un coin reculé de mon cœur. Je croyais, par exemple, qu'il était mort fusillé dès son arrivée en Allemagne, et non d'épuisement au camp de Sonnenburg dont j'ignorais jusqu'au nom. C'est mon grand-père qui disait qu'il avait été fusillé, pas à moi, bien sûr, mais je l'ai entendu le murmurer. Sûrement parce qu'à ses yeux il était plus glorieux de mourir debout que d'épuisement, comme un esclave.

Aujourd'hui, mon père n'est plus ce héros. J'essaie d'accepter petit à petit, jour après jour, cette idée tellement douloureuse qu'il ait trahi, qu'il soit un "traître", n'est-ce pas ? Je le vois avec ses faiblesses, ses immenses faiblesses, et j'essaie de refaire tout le chemin avec lui, depuis les beaux étés à Ostende que vous décrivez, sur la plage avec ma mère, jusqu'à ce cauchemar de l'été 1942 où il en est venu à se mettre au service de la Gestapo. Et je me dis que c'était un homme ordinaire, comme tant d'autres, un jeune homme qui voulait en découdre, jouer au petit soldat, mais qui n'a pas eu la force au moment de l'épreuve.

Et qui aurait eu la force pour surmonter ça ? Je pense à sa culpabilité d'avoir fait arrêter ma mère, précipité tous les siens dans un malheur sans fin, sans fond... Quel homme faut-il être pour tenir, pour assumer le poids de ses responsabilités dans une telle situation ? C'est vrai, il a flanché, il a commis l'irréparable, l'impardonnable sans doute, mais ce qui le sauve malgré tout à mes yeux, c'est qu'il a tenté par deux fois de se donner la mort, devinant sans doute qu'il n'aurait pas la force de résister.

Je comprends qu'on puisse le juger, le condamner, mais je voudrais qu'on comprenne en retour le chagrin et la compassion que j'éprouve en l'accompagnant presque pas à pas jusqu'à sa fin. Il a été la cause de souffrances inconsolables, de deuils, mais je crois que c'est inimaginable ce qu'il a dû souffrir, lui aussi, pour en arriver là.

— Et que saviez-vous du destin de votre mère ?

— Je savais qu'elle n'avait pas fait de résistance parce que mon grand-père disait toujours en évoquant son arrestation : " Germaine a été prise, mais elle n'a rien compris, elle n'est pour rien dans tout ça. "

Quant à sa disparition, j'avais entendu prononcer le nom de Ravensbrück, mais je vous l'ai dit : mon grand-père n'accordait pas foi aux témoignages prétendant qu'elle était morte là-bas. Si bien que quand j'ai commencé à lire et à me documenter pour construire le récit de ma traversée de l'Europe pendant la guerre, j'ai commencé à nourrir le rêve que les troupes soviétiques, qui ont libéré le camp de Ravensbrück, aient emmené ma mère en Russie. Et, jusque récemment, j'ai souvent imaginé ma mère vivant heureuse auprès d'un autre homme, entourée d'enfants – mes frères et sœurs – qu'un jour la vie me permettrait peut-être de connaître…

— C'est la première fois que je vous entends évoquer aussi clairement les lectures et les recherches que vous avez entreprises pour écrire votre autobiographie mensongère : *Survivre avec les loups*. Comment les choses se sont-elles mises en place dans votre tête ?

— J'ai menti, oui, mais je l'ai fait pour nous sauver. Réhabiliter mon père, donner un sens à la mort de ma mère, et me sauver, moi, en me permettant de respirer dans ce monde.

Je crois que tout est parti, comme vous le dites, du soulagement que j'ai éprouvé à m'appeler Lévy. Cela m'a surpris, ça n'était pas prémédité, mais d'un seul coup le destin si triste de mes deux parents pouvait être sublimé par l'Histoire. Je me rappelle avoir dit un jour à mon ex-tuteur, le prêtre, Roger De Wael : “Maintenant je m'appelle Lévy, et mes parents sont morts comme des Juifs. Dans les camps.” Il m'a regardée, mais il ne m'a ni reprise ni détrompée. Son silence m'a libérée, j'ai dû l'interpréter comme une forme d'acquiescement.

Plus tard, aux États-Unis, je me suis mise à faire les conférences dont vous parlez dans le livre, et chaque fois, en regagnant ma maison, je me disais en moi-même : "Ô mes parents, c'est pour vous que je fais tout ça !" J'avais l'impression de les honorer, de laver mon père de tous ces sombres soupçons, de tous ces mots terribles tant de fois entendus chuchoter entre deux portes et qui nous laissaient, mon grand-père et moi, le cœur gonflé de larmes.

Leur mort, je la rendais belle. Ma mère n'avait pas été sacrifiée stupidement, "sans avoir rien compris", mais parce qu'elle était juive. Mon père ne pouvait plus être soupçonné de rien : il figurait désormais parmi les six millions de Juifs assassinés par les nazis et honorés dans le monde entier. Et moi j'échappais à l'ombre de Robert De Wael en trouvant une place honorable sur la terre au sein de la communauté juive. Voilà, plus personne ne pouvait dire quoi que ce soit, tout avait été nettoyé.

— Vous rebaptisez vos parents Reuven et Gerusha. Est-ce que ces prénoms ont un sens particulier pour vous ?

— Oui. Je les découvre dans le dictionnaire des prénoms hébreux d'Alfred J. Kolatch. Et je les choisis parce qu'ils ont une forte portée symbolique, bien sûr. Reuven, qui est le prénom du premier fils de Jacob et de sa femme Léa, signifie "soutenir, porter". Et moi je soutiens mon père à travers mes conférences. Gerusha veut dire "exilée, étrangère", et c'est bien le sort de ma mère d'être étrangère à ce qui lui arrive, et puis chassée, déplacée.

— Vous faites disparaître les photos de Robert et de Germaine De Wael, et prétendez n'avoir plus aucun souvenir des visages de Reuven et Gerusha.

— En vérité, ils ont l'un et l'autre dans mon esprit les traits de mes véritables parents.

— Dans *Survivre avec les loups*, vous racontez qu'en rentrant de votre périple à travers l'Europe, vous retournez à votre adresse d'avant la guerre, rue Floris, en espérant y découvrir vos parents. Une inconnue vous ouvre et vous dit qu'elle n'a trouvé ici qu'un paquet de vieilles photos parmi lesquelles vous en choisissez deux, qui ne ressemblent pas à vos parents, écrivez-vous, mais qui vous serviront de "souvenir visible". Quel est le sens de cette scène ?

— C'est une façon pour moi de traduire et d'adapter la réalité : même si je les cache, j'ai bien des photos de Robert et de Germaine. Elles deviennent dans mon esprit des photos anonymes choisies dans notre ancienne maison de la rue Floris. Des photos qui ne sont pas celles de mes parents et auxquelles je peux donc prêter les prénoms de Reuven et Gerusha.

— Votre fils n'a jamais demandé à les voir ?

— Non, je ne sais pas pourquoi… Il a lu *Survivre avec les loups*, mais il n'a pas eu la curiosité de me réclamer les photos.

— Dans son livre de bébé, vous aviez collé les portraits de vos véritables parents, Robert et Germaine. S'il vous avait réclamé les photos que vous évoquez dans *Survivre avec les loups*, il aurait vu qu'il s'agissait des mêmes personnes.

— Mais il n'a jamais vu son livre de bébé !

— Maintenant que ses grands-parents ont de nouveau un visage, allez-vous les lui présenter, et lui donner son livre ?

— Oui, sans doute.

— Revenons à l'élaboration de votre récit. Vous nous faites traverser l'Europe en guerre jusqu'au ghetto de Varsovie, des endroits où vous n'avez jamais mis les pieds en réalité. Pourtant, on y est, les rues sont nommées, les ponts, les carrefours, et même des maisons ou des villages qui n'existent plus sont décrits. Comment avez-vous fait ?

— Eh bien, pour commencer, je me suis installée devant une carte. J'aime beaucoup les cartes depuis que mon grand-père m'a appris à les lire. Mes parents avaient été emmenés en Allemagne, par où étaient-ils passés ? Quelles villes et quels villages avaient-ils traversés ? Je me suis mise à rêver, et j'ai vraiment fait ce long voyage avec eux, dans ma tête. Je me souviens, c'était si fort, si prenant, que j'avais dit à Maurice : "Ne viens pas, ne me dérange pas quand je suis dans mon bureau, parce que je suis trop loin." J'aurais pu me mettre à hurler s'il était entré – j'étais plongée dans une sorte d'hypnose. Ensuite, j'ai lu tous les livres possibles sur l'Allemagne nazie, sur l'Holocauste, sur le ghetto de Varsovie. Jour après jour, je me suis enfoncée dans une histoire qui me prenait au ventre, me faisait battre le cœur, à laquelle je croyais de toutes mes forces.

— Et qui vous soulageait ?

— Oh, oui ! Énormément ! C'était comme une libération. Je réalisais ce que j'avais rêvé de faire, enfant : partir à la recherche de mes parents.

— Vous avez dix ans et vous parvenez à tuer un soldat allemand que vous surprenez en train de violer une jeune fille. Pourquoi avoir imaginé cette scène ?

— Cet Allemand, il représente ceux qui ont arrêté et tué mes parents. C'est toute l'Allemagne nazie que je tue à travers lui.

— Si on vous avait clairement dit que vos parents étaient morts, seriez-vous partie dans ce voyage imaginaire ?

— Non, probablement pas. Je serais sans doute devenue quelqu'un d'autre, j'aurais grandi différemment. J'aurais peut-être entrepris très tôt les recherches que vous venez de mener. Tandis que là, à soixante ans, je continuais d'espérer. Et c'était chaque fois comme un coup sur la tête quand je devais convenir avec Maurice que maman aurait près de cent ans…

— On vous a accusée d'avoir "instrumentalisé la Shoah" pour vous mettre en valeur, et gagner de l'argent.

— Mais je n'ai jamais voulu ça ! Je ne voulais pas écrire ce livre. Jane Daniel, ma première éditrice américaine, a dû me relancer pendant des mois avant que j'accepte. Et je le regrette tellement aujourd'hui ! Je voulais juste réhabiliter mes parents à travers mes conférences et trouver une place que je n'avais pas obtenue en Belgique.

— Comprenez-vous la colère contre vous de la communauté juive de Belgique ?

— Non, je ne la comprends pas. Je n'ai tué personne, je n'ai fait de mal à personne. Et mes parents sont morts comme les Juifs.

— C'est une souffrance, pour vous, de n'être plus juive aujourd'hui ?

— Oh, oui, c'est très dur. Je me suis sentie tellement bien dans cette communauté ! Mais je commence à l'accepter. L'autre jour, quelqu'un m'a demandé : "Êtes-vous juive ?" J'ai eu un moment d'hésitation, et puis je me suis entendue répondre : "Non, je l'étais, mais je ne le suis plus." J'ai déjà donné à mon ex-communauté d'Holliston mon shofar. Et, petit à petit, je vais leur faire don de tous mes attributs de femme juive religieuse. Ce sont les gens, et le rabbin lui-même, qui me disent de prendre mon temps, de ne rien brusquer. Je ne suis plus membre de la communauté, mais tous sont très gentils avec moi.

— Que reste-t-il aujourd'hui dans votre esprit de ce jour, que vous disiez si important, où vous avez glissé dans le mur de Jérusalem les noms de vos parents imaginaires, Reuven et Gerusha ?

— Rien. Il ne reste rien. Ce qui s'est passé a démoli tout mon bonheur. Mes parents étaient si haut ! Enfin, je les avais *placés* si haut !

— Vous avez le sentiment d'avoir échoué à les grandir ?

— À les sauver, oui. Eux, et mes grands-parents également. Quand *Survivre avec les loups* a connu le succès, souvent je me disais en moi-même : "Regarde, bon-papa, tu es connu maintenant. Et toi, grand-mère, qui étais si bonne, tout le monde t'aime à présent. Et voyez : votre fils est un héros !" Voilà, c'était comme un mémorial pour moi. Mon grand-père était enfin heureux, grâce à moi, grâce à mon livre, il n'était plus l'homme triste et solitaire que j'ai connu. Je leur apportais à tous la reconnaissance, l'amour, la dignité. Je n'ai pas imaginé tout ce que les journalistes ont écrit quand l'affaire a éclaté, je n'ai voulu blesser personne, et si je l'ai fait je le regrette.

— Avez-vous toujours le désir de fuir, de mourir ?

— Non, les choses bougent très vite. Je me dis même par moments que je suis contente de ce qui est arrivé, parce que maintenant je vais retrouver ma vraie vie.

— Voulez-vous dire que ça vous pesait d'être dans une histoire fausse ?

— Elle glorifiait mes parents, elle faisait de moi quelqu'un de fort, alors que je me sens très fragile, pleine de faiblesses. Je ne pouvais pas sortir de cette histoire, elle me faisait une carapace qui me protégeait, mais dont j'étais prisonnière. Et bing ! Tout a volé en morceaux, et je me retrouve toute nue, à la merci de tous les dangers. J'ai cru mourir, mais maintenant j'ai l'impression que je suis simplement en train de quitter l'enfance pour devenir adulte. L'autre jour, je me suis surprise à donner l'une de mes plus belles peluches à un petit voisin, un lapin géant. Depuis, je pense à me débarrasser des autres, et ça ne me provoque aucune tristesse, aucune frustration. Je crois même que j'aurais plaisir à les voir partir.

— Croyez-vous qu'avec le temps vous vous réconcilierez un jour avec le nom de vos parents, ce patronyme de De Wael auquel vous avez tellement voulu échapper ?

— C'est terriblement difficile encore de me dire Monique De Wael… Laissez-moi un peu de temps, mais je vais m'y faire, oui. Il y a quelques jours, j'ai accroché aux murs de notre chambre les photos de mes parents. Je suis heureuse qu'elles soient là, de pouvoir les contempler. C'est une première étape déjà. Le visage de mon père me touche infiniment… Comme si je l'aimais plus qu'avant maintenant que je le sais à terre, dégradé, déshonoré, si malheureux, si faible, lui qui avait rêvé d'être un héros. Et regardez… »

Monique De Wael relève la manche de son bras gauche sur lequel apparaît un numéro.

« Je me suis fait tatouer le numéro de déportée de ma mère à Ravensbrück, 97.902. Mardi passé, après avoir lu votre manuscrit. J'ai ressenti le besoin très fort de me rapprocher d'elle, et c'est ce numéro qui s'est imposé comme un lien éternel, ineffaçable, entre nous deux.

Si les gens le voient et me demandent : "Vous êtes juive ?", je leur répondrai : "Non, mais il n'y a pas que les Juifs qui sont morts dans les camps. Ma mère n'était pas juive et pourtant elle a été gazée." »

Cet ouvrage a été imprimé en France par

CPI
BUSSIÈRE

à Saint-Amand-Montrond (Cher)
en septembre 2011

N° d'édition : 1538/01 – N° d'impression : 112466/4
Dépôt légal : septembre 2011